跳槽就是相亲

——职场沉浮106问和案例20则

蒋倩 著

東華大學出版社·上海

内容简介

《跳槽就是相亲——职场沉浮 106 问和案例 20 则》是一本跳槽辅导书。全书分为上下两部。上部讲理论。针对职场中人跳槽时会遭遇的种种困惑，总结了从跳槽起念、跳槽准备到跳槽过程、跳槽后续四个阶段的 106 个问题，并力图从职场、情场相通的角度给出独家答案。下部讲案例。以上部理论所涉的核心问题为出发点精选了 20 个真实案例，并通过案例解析为读者指出了 22 条跳槽准则。希望读者能从书中一个个问题、一次次跳槽经历中获得启迪，使得自己在跳槽上少吃亏、不犯错，从而走好职场每一步。

图书在版编目 (CIP) 数据

跳槽就是相亲：职场沉浮 106 问和案例 20 则 / 蒋倩著 .
—上海：东华大学出版社，2016.8
ISBN 978-7-5669-1074-5

I. ①跳… II. ①蒋… III. ①职业选择 — 通俗读物
IV. ① C913.2-49

中国版本图书馆 CIP 数据核字（2016）第 125834 号

责任编辑：杜亚玲
封面设计：胡尚聪

跳槽就是相亲

——职场沉浮 106 问和案例 20 则

蒋 倩 著

出　　版：东华大学出版社（上海市延安西路 1882 号，200051）
本 社 网 址：http://www.dhupress.net
天猫旗舰店：http://dhdx.tmall.com
营 销 中 心：021-62193056　62373056　62379558
印　　刷：上海市崇明县裕安印刷厂
开　　本：890mm × 1240mm　1/32　印张：7.625
字　　数：240 千字
版　　次：2016 年 8 月第 1 版
印　　次：2016 年 8 月第 1 次印刷
书　　号：ISBN 978-7-5669-1074-5 / C · 017
定　　价：22.80 元

前　言

因为职业的关系，时不时就会有求职者询问作者职场问题，向作者诉说职场困惑。在不断的答疑解惑中，作者萌发了将自己这些年的猎头从业经验进行系统化的梳理，以文字的方式记录下来，以便今后更好地面对求职者的咨询。

作者以一个人从起念求职、跳槽到入职新公司的整个过程会遭遇的问题为写作对象，写着写着，慢慢竟形成了书稿。起初在网络上连载，后来由于一个机缘，接触到了东华大学出版社编辑，便有了如今的这本《跳槽就是相亲——职场沉浮 106 问和案例 20 则》。

作者在书的上部中分了四篇十五章共计 106 个问题进行理论层面的解答；又在下部中提供了精选出的 20 个真实案例进行实际层面的分析。 相信本书会让初入职场的新鲜人“一览众山小”，全面增加求职跳槽经验值，也会让摸爬滚打多年的过来人“豁然开朗”，获得突破职场瓶颈的启发。需要说明的是：（1）本书中所有用到的“求职者”、“跳槽者”、“被面试者”等称谓，均是指想找工作的人。（2）本书所阐述的跳槽都是企业范畴内的，不包括政府机构、事业单位、非盈利组织。（3）基于作者的个人经验所限，本书所阐述的经验较适用于拥有完善的职业经理人的制度的企业。

若是读完此书，能够让哪怕寥寥几个读者在今后求职、跳槽时少吃亏、不犯错，作者就会觉得所做的一切努力都是值得的。若是读者还能认同作者书中提出的职场与情场相通的观点，作者会喜出望外，毕竟知音难寻。

最后，感谢东华大学出版社给予的出书机会和信任，感谢老东家科锐国际多年的培养以及公司副总裁曾诚女士百忙之中为本书作的序。

编者

序

人是什么，不在于他拥有什么，而在于他选择什么。

《跳槽就是相亲——职场沉浮 106 问和案例 20 则》是一本关于职业生涯选择的指南，能够帮助职场人士通过正确的选择实现梦想的自己。

一部非常著名的奥斯卡获奖影片曾展现过这样一番情景，在看似静谧浩瀚的太空，却充满了危机，女主角需要在快速变化的时空中不停地做出正确的选择，以应对扑面而来的风险。除了坚定的信念，她凭借着一本本太空指南克服了一个个风险，终于安然回到了地球。

现在，人们正在步入所谓的“量子时代”，事态的形势、关系愈加扑朔迷离。瞬间而至的变化让我们怀疑甚至颠覆自己曾经笃信的认知。创新、升级、跨界……为职业发展带来了更多的变数，职场人士面临着愈加复杂的情境，就像驾驶着奔赴太空的飞船，单凭直觉与幸运是难以成功的，需要随身有一部专业的指南才能化险为夷。

要做出正确的选择，首先要如苏格拉底所说“认识你自己”，即要全面地审视自己。这意味着对自己的职业目标、当前的位置、目标企业及职位和未来的路径等进行全方位的思考。思考之后的行动则是“细节决定成败”，在简历、面试、谈薪、离职、入职等环节中，专业的职场人士需要高效的方法和工具把握其中的机会，规避风险。这本书的内容涵盖了以上提及的从跳槽前到入职后的所有环节，从思到行，从工具到实践，全面且深入。其中的建议皆来自于资深猎头顾问多年来的心得，这些宝贵的经验蕴含着对雇主、雇员以及猎头操作的理解。

我与 Jenny 共事多年，她曾是科锐国际资深猎头顾问，公司的“百万顾问俱乐部”会员。她服务过众多的著名跨国及本土企业，对雇主、雇员及猎头行业的趋势、操作、工具、系统有深刻的理解，是客户、候选人心目中信赖的伙伴。如今 Jenny 将其多年的积累与思考汇集在这本书中，非常难得。

相信这本指南能够像一位专业而耐心的向导，助您在职场中从容做出正确的选择，早日实现自己的梦想！

曾　诚

科锐国际副总裁

目录

上部

职场沉浮106问

第一篇 To be or not to be? ——跳槽还是不跳槽?

如果一个人认为一件事情没有意义或不知道意义何在，那么他怎么会有动力去做这件事情？如果一个人认为一件事情是有意义的，也知道意义在哪里，但是对事情本身的定义并不清晰甚至存在误解，那么又如何能正确地去做？

所以第一篇旨在解答两个问题：

1. 明确跳槽是为了什么？

2. 明确跳槽是什么？

第一章
为什么要相亲——跳槽的目的

1. 跳槽是为了什么？

相亲是为了找对象，更确切地说，是为了找可以结婚的对象。绝大部分人不到恨嫁逼婚的地步，是不会选择相亲这个手段的。那么跳槽呢？

跳槽就是为了换一份更合适的工作。绝大部分人对本职工作若非心生不满乃至厌恶，也是不会选择跳槽这个手段的。

找对象的目的是为了更好地生活，即活得更快乐、更丰富多彩、更有利于自我的成长、生命的完整等。换工作的目的何其相似！绝大部分人需要的是在工作的时候感到快乐。快乐来源于成就感。根据美国心理学家马斯洛创立的需要层次理论，成就感属于“自我实现需要”，是人的一种最高层次的需要。所谓“成就感”，是指一个人做完一件事情或者做一件事情时，为自己所做的事情感到愉快或成功的感觉。工作中的成就感包括与工作付出所匹配的富于激励的薪酬、良好的人际关系、富有挑战的工作内容和可以预见的发展空间等。

如果在工作时感到不快乐，没有成就感，我们该怎么办？是否就需要跳槽？答案不是简单的肯定或否定，而是需要一事一议。正如一对恋人闹分手，旁人不能简单地劝和或劝散一样，跳不跳槽也不能轻易下决定。

2. 跳槽还是不跳槽？

既然跳不跳槽不是同“早饭吃包子还是馒头”那般日日上演的选择，那么究竟什么时候才应该选择跳槽，什么时候不应该选择跳槽呢？

首先，可以参考以下的个人——公司、主观——客观原因四象限表。列出导致自己想跳槽的所有因素：

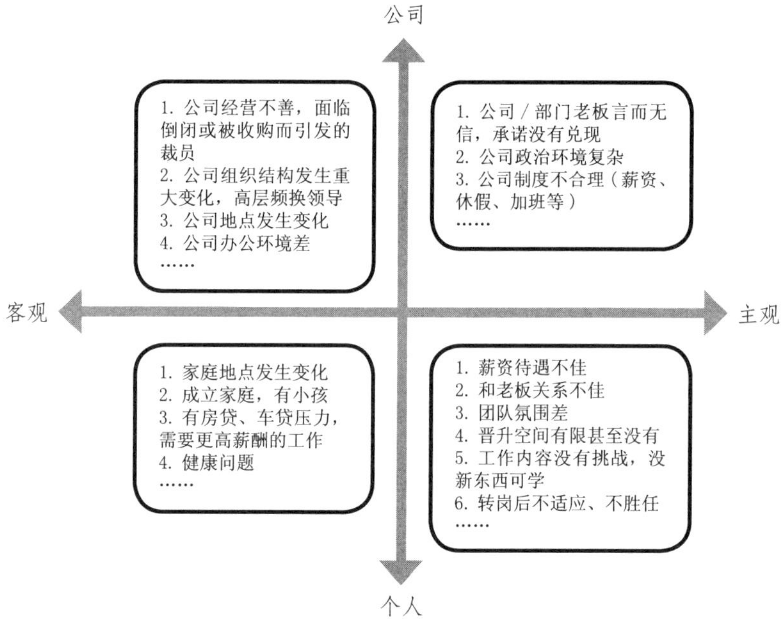

其次，分析这些因素。其实我们面临的跳槽只有两种类型，一种是非跳不可型，一种是可跳可不跳型。客观原因导致的想跳槽的念头通常是非跳不可型，因为客观条件不是个人可以改变的。而主观原因导致的想跳槽的念头通常属于可跳可不跳型，因为主观感受取决于个人，正如饮水者自知水之冷暖，穿鞋者自明鞋之大小，外人很难评判或干涉。在此有两条忠告供读者决定是否要跳槽时参考，这两条也同样适用于相亲。

(1) 知己知彼，百战不殆

对自己个人能力、对目前职位和对所在企业的评价都要尽可能的客观。这种客观需要建立在对整个行业和同类公司的深入了解的基础上。不可想当然地这山望着那山高，一味看低目前的企业和职位。

(2) 没有十全十美的工作

“钱多、事少、离家近”是一句职场人士都知道的顺口溜，可惜这么好的工作实在是可遇而不可求。作者认为即使求得也非能一劳永逸，毕竟这个社会的节奏太快，变化也太快。而且正如天下没有十全十美的对象，也自然没有十全十美的工作。所以在基于主观判断而冒出跳槽的念头时，尽可能要让自己冷静下来，不要意气用事，一味地把存在的问题都推卸到企业、领导身上。很多人换了一家企业会发现问题仍然存在，方才醒悟问题至少不全在跳槽前的企业身上，自身也有值得改变的地方。

最后，做出行动。不管是决定了跳槽还是不跳槽，都需要有所行动。

(1) 不跳槽

既然选择了不跳槽，就需要积极调整自己的心态，让自己对目前的工作重新燃起激情。以积极的眼光去看待一切事物，以平和的心境去处理一切问题。改善自己能改善的部分，其余的部分要学会去接受。或许熬过了这个阶段，就会迎来柳暗花明又一村。即使之后仍然选择离开，对问题的看法，对事情的处理和做人的心态也会有所不同。

(2) 跳槽

如果选择跳槽，那必须要做大量的准备工作。本书在之后会用大量的篇幅进行详细阐述。毕竟天上不会掉馅饼。今天想跳槽，明日就有好工作找上门的桥段只存在于小说中。

选择跳槽要避免以下几种情况：

a. 盲目跟风

“身边的小伙伴们最近都在换工作，要不我也换个工作试试？”

“最近公司里离职的人不少，要不我也换个工作试试？”

“我们部门最近刚走了三个，要不我也换个工作试试？”

…

和相亲一样，跳槽是自己的事。自己没有想法的时候，何必去凑热闹？

b. 人云亦云

“听说某某公司不错，我们这边几个都跳去那家公司了，要不我也去面那家公司？”

“听说某某公司很烂，之前的金融危机裁过员，我们这边没人去那家公司，我也不会去看那家公司有没有机会。”

……

消息的渠道可以多元化，八卦信息也未必都是空穴来风，但是没有亲自调查取证就没有发言权，妄下结论就是对自己不负责任。

c. 只为了钱、权而跳槽

“人为财死，鸟为食亡。年度涨薪太慢了，跳槽不就是为了多一点钱吗？”

“不想做将军的士兵不是好士兵。职务高一级，名片一出手，神气多了，为啥不跳呢？”

……

眼中只有权钱的人即使一时有所得，也往往无法长久；即使一次跳槽侥幸成功，也不可能次次成功；即使因为才华横溢而一时宏图大展，也会因为道德缺失而步入歧途。历史上钱权迷眼的例子比比皆是，不多言。

d. 频繁跳槽

“听说跳得多的人收入涨得快，升职升得快，何乐不为？”

“我们这离职的张三，两年跳了三次，听说薪水涨一倍了，还是跳槽跳得多好啊。”

……

没有一家企业会喜欢频繁跳槽的人，因为稳定性是企业对雇员的一个基本诉求。也没有哪个谨慎求职的人会随意跳槽，因为跳槽太多往往说明的是一个人的不成熟，选择总是不正确，故而只能不断选择。其实人的一生中关键机遇最多有两到三个，在正确的时机把握住机遇才是明智的。

不排除有跳槽频繁的人越跳钱越多，越跳职务越高。作者认为这些个别现象有的是因为行业特性，有的是因为个人运气，有的则纯粹是谣言。虽然也有人不断凭借个人能力创造例外，但例外的情况不具有普遍参考价值。

本章小结：

一度曾流行过一句话：不以结婚为目的的谈恋爱都是耍流氓。作者想套用一下：不以更快乐地工作为目的的跳槽都是瞎折腾。

第二章
新时代的相亲——跳槽的定义

3. 什么是跳槽?

跳槽在《汉语大词典》的释义是：牲口离开槽头到别的槽头去吃食。引申义是人离开原来的工作，另谋高就。

跳槽 = 换工作，这个求职者都知道。但是作者在这里需要指明的是：换工作不等于换企业。换句话说，从现在起读者就需要牢记：跳槽包括了内部跳槽和外部跳槽。内部跳槽并不需要换企业。

4 什么是内部跳槽?

估计有人要问：我只听说过内部转岗，没有听说过内部跳槽。这两者是一回事吗?

这两者是一回事。主流的说法是把内部跳槽称为内部转岗。作者之所以要称其为跳槽是基于以下三点理由：

①和（外部）跳槽相比，除了组织内和外的区别，行为的本质是一致的，从跳槽的定义看，也是完全符合的。

②比起对外部机会的重视，很多人对内部机会的重视度远远不够。和外部机会并称跳槽，可以让求职者从语言的角度去感受起来，让求职者能够逐渐重视起内部机会。（内部机会对于有转型需要的人很重

要，这点之后会有专门的篇幅进行阐述。）

③方便本书的阐述，本书的主题是跳槽，若用内部转岗来替换内部跳槽，容易生出不必要的歧义。

［注］有些人认为需要区分内部转岗和内部跳槽，即认为发生人事关系变化即劳动合同变化的称为内部跳槽，没有发生合同变化的称为内部转岗。作者觉得这也并无大碍，因为定义本身并不是求职者（非专业人士）需要探讨的重点，只要能够理解跳槽有内外之分即可。

说到内部跳槽，求职者都会想到从同一家企业的岗位 A 换到岗位 B。

举例：

①小张在企业甲的人事部做招聘专员，内部转岗到人事部做薪酬福利专员。

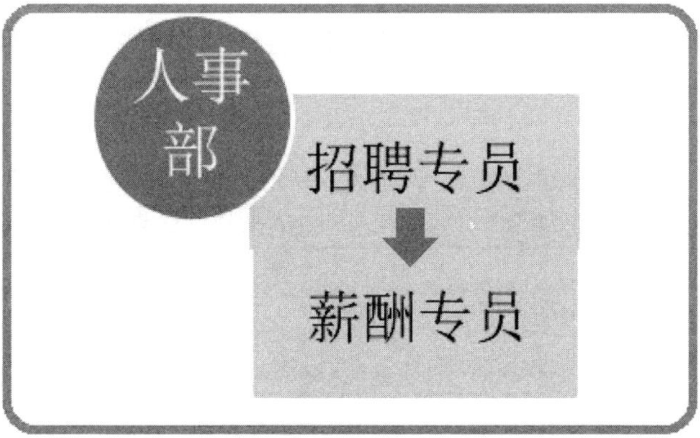

［注］小张的汇报线可能发生变化，也可能没有发生变化，视部门的组织结构和企业规模而定。即小张可能依旧汇报给部门的人事主管或部门的人事经理，也可能从汇报给招聘主管 / 经理变成汇报给薪酬福利主管 / 经理。

②小李在企业乙的技术部门做技术开发，内部转岗到销售部门做售前技术支持。

[注]小李的汇报线通常是会发生变化的，从汇报技术开发的主管/经理到汇报技术支持的主管/经理或销售主管/经理。但也有可能是没有发生变化的，比如因为直线汇报线的岗位没有设置或空缺，所以小李还是直接汇报给部门负责人。又比如，技术开发部门和销售部门的负责人是同一个人，且没有中间层，所以小李还是向其汇报。

以上的例子说明内部跳槽未必会带来汇报线的变化，部门的变化。

相信此刻有人会问如果是一家大企业，有不同业务单元(欧美企业喜欢称作 Business Unit，简称 BU)，在不同业务单元间跳槽是否还属于内部跳槽?

举例：

③小王在企业丙的建筑涂料业务单元下的销售部门做销售经理，内部转岗到交通运输涂料业务单元下的销售部门做销售经理。

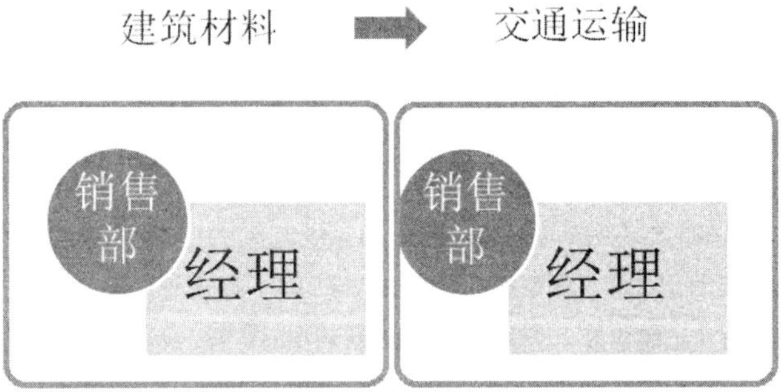

[注]不同的 BU 若属于同一个企业(法律实体)，即小王的人事关系并没有发生变化，劳动合同无需改签；不同的 BU 属于不同的企业(法律实体)，即小王的人事关系发生变化，前劳动合同终止，新劳动合同需要签署。

又或者一家企业是集团企业，旗下有许多子企业分管不同的业务单元，每个业务单元下面还有各地的分企业，在集团里面跳槽是否还属于内部跳槽？

举例：

④小钱在集团企业丁的总部的财务部做财务主管，内部转岗到了集团为新业务成立的新的子企业里去做财务经理。

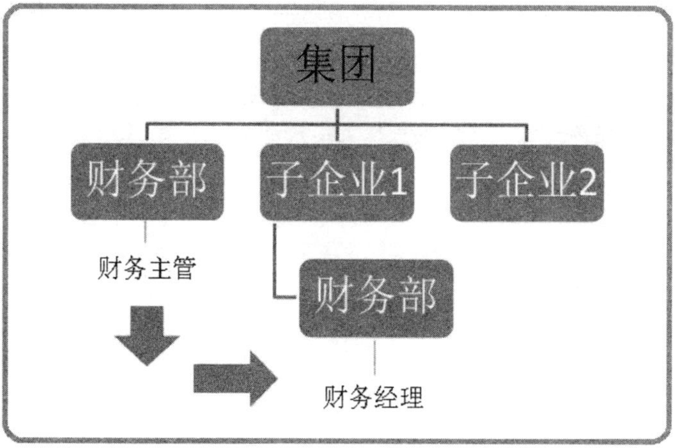

[注]这类转岗有两种性质，一种是总部派遣性质，即小钱的劳动合同还是和总部签的，人事关系没有改变；另一种是小钱和总部终止劳动合同，新的劳动合同改为和新企业签，人事关系发生改变。

答案是以上两种都还是属于内部跳槽。虽然以上的跳槽导致的劳动合同、人事关系存在变化和不变化两种情况，但都不属于外部跳槽。

总结一下：内部跳槽是一个自然人在同一个组织（企业）内换了工作。不管人事关系发生改变否，劳动合同发生改变否，汇报线发生改变否，隶属的部门、团队发生改变否，岗位名称发生改变否，都不改变其属性是内部跳槽。

5 什么是外部跳槽？

鉴于求职者平日里都更关注外部跳槽，所以先就内部跳槽的定义仔细阐述了一番。基于此，相信求职者很容易猜到并理解外部跳槽的定义。外部跳槽是一个自然人离开现在的组织（企业）去另一个组织（企业）工作。在此不再多言。

本章小结：

离开原来的工作去做另一个工作的行为是跳槽。求职者需要同时关注内部和外部的机会，以便做出最佳的跳槽选择。这就如新时代的相亲，不再只是父母之命、媒妁之言，还有来自熟人渠道和陌生人渠道。

第二篇

Are you the one？
——跳槽准备

正所谓“不打无准备之仗”，做任何事情，前期的准备工作是非常重要的。要去相亲，总得在相亲前准备些评估项目，比如我这人是个什么样的人，我希望对方是个什么样的人，具备些什么条件等。跳槽也一样。

所以第二篇旨在解决跳槽准备阶段的五大问题：

1. 如何分析和评估自己？

2. 可以利用哪些途径？

3. 怎么选择企业？

4. 怎么选择职位？

5. 是否要选择转型？

第三章
我喜欢什么样的——如何分析和评估自己

6. 我是什么样的人，适合做什么样的工作？

(1) 我是什么样的人

回答这个问题，我们可以采用两种方法：一种是主观分析，一种是借助工具分析。虽然即使是利用工具分析也不可能完全脱离主观臆断，毕竟一来工具是人发明的，很难完善；二来工具往往是各类测试题目，题目是人去做的，很难不出现和内心真实想法不一致的偏差，但是目前我们仍然只能靠这两个方法尝试回答，大家所能做的就是尽可能对自己坦诚。

a. 主观分析

主观分析包括自我分析和朋友分析，换句话说就是给自己写评价和让别人给自己写评价。

评价的方法很多，在这里推荐比较简单的一种，操作起来共有五步：

①准备一叠卡片：1/4 张 A4 纸大小即可。

②写卡片：请你自己、你的父母、同事、同学和朋友们每人在卡片上写下所有可以用来描述你的形容词。

③把所有卡片上的形容词收集在一起后分类整理。可以按褒义、中性、贬义分类；可以按出现频度高、中、低分类；可以按近义词、

反义词分类。

④挑出绝大多数人包括你自己都使用的形容词即公认的词，这些可以被用来形容你自己。

⑤同时挑出个别人使用的形容词，尤其是你意料之外的词，找到填词的人，希望他回答你为什么他用了这个词形容你，最后由你自己评判是否采纳。

作者建议不要只找那些喜欢你的人，也要试图找那些不怎么喜欢你的人，试图让他们帮助你完成形容词的采集。因为人与人之间的评价必然存在偏颇，所以样本大一些，多元一些不是坏事。何况人是复杂的、多面的，不同人眼里有不同的你是很正常的；但若只挑选亲近的人，喜欢你的人，恐怕就会掉入一面之词的陷阱。

基于此，主观分析通常只能做个参考，能够筛选出的信息往往是我们已知的自己，未知的部分我们不敢轻易相信。所以我们还是需要借助工具分析。

b. 工具分析

以下介绍四类分析工具，其中以 MBTI 对于职业选择较为权威，其他三类则可以帮助你更广义地认识自己。在详细了解之前要强调两点：

尽可能利用不同的工具作测试，这样得出的综合评估才较全面；

每隔一个阶段应重新做一次测试，因为人的心智、情感、性格等都是在不断地变化发展中的。

i. MBTI

MBTI 职业性格测试作为一种对个性的判断和分析，是一个理论模型，从纷繁复杂的个性特征中，归纳提炼出 4 个关键要素（动力、信息收集、决策方式、生活方式）进行分析判断，从而把不同个性的人区别开来。

外向 (E) 和内向 (I)

感觉 (S) 和直觉 (N)

思考 (T) 和情感 (F)

判断 (J) 和知觉 (P)

四个维度，两两组合，共有十六种类型。这个测试是不少大企业会在招聘员工的时候用到的测试。

网上有一些注册为会员就可以做免费测试并获得测试报告的网站，读者可以自己找一下。

ii. 九型人格

九型人格(Enneagram)，又名性格形态学、九种性格。它包括活跃程度、规律性、主动性、适应性、感兴趣的范围、反应的强度、心理素质、分心程度、专注力范围/持久性等。

第一型：完美主义者(The Reformer)：完美者、改进型、捍卫原则型、秩序大使。

第二型：助人者(The Helper)：成就他人者、助人型、博爱型、爱心大使。

第三型：成就者(The Achiever)：成就者、实践型、实干型。

第四型：艺术型(The Individualist)：浪漫者、艺术型、自我型。

第五型：智慧型(The Investigator)：观察者、思考型、理智型。

第六型：忠诚型(The Loyalist)：寻求安全者、谨慎型、忠诚型。

第七型：快乐主义型(The Enthusiast)：创造可能者、活跃型、享乐型。

第八型：领袖型(The Challenger)：挑战者、权威型、领袖。

第九型：和平型(The Peacemaker)：维持和谐者、和谐型、平淡型。

九型人格也常被应用在组织发展、人才招聘及甄选等领域。

iii. 性格色彩学

性格色彩学是实用心理学的一门分科，由中国性格色彩研究中心创始人乐嘉创立。主要将人的性格分为红、蓝、黄、绿四种。

红色

快乐的带动者。做事情的动机很大程度上是为了快乐，快乐是这些人的最大驱动力。他们积极、乐观，天赋超凡魅力，随性而又善于交际。

蓝色

最佳的执行者。持久深入的关系是他们这类人所着意建立和维系的。他们具有可贵的品质，对待朋友忠诚而诚挚，并在思想上深层次地关心和交流。

黄色

有力的指挥者。这类人深层次的驱动力来自对目标的实现和完成。他们一般都具有前瞻性和领导能力，通常都有很强的责任感、决策力和自信心。

绿色

和平的促进者。他们的核心是对和谐与稳定的追求，缺乏锋芒与棱角。他们宽容透明，通常都非常友善，适应性强，是很好的倾听者。

iv. 星座

我们一般所谈论的星座指的是十二太阳星座（SUN SIGN）；亦即以人（当然是地球上的人）为中心，同时间在太阳运行的轨道（希腊文即 ZODIAC：意即动物绕成的圈圈，又称“黄道”）上所运行到相对的星座位置（即以出生日期来算星座）。

作为占星学研究的一个重要组成部分，广义的星座比我们所了解的十二太阳星座要复杂得多。虽然不少人并不相信星座，就如同不相信生辰八字一样。可是不得不承认，不少招聘者还是会把星座作为一个考察点，只是不会写进职位说明书里罢了，因而在此也罗列一下。

白羊座（3 月 21 日 —— 4 月 20 日）

金牛座（4 月 21 日 —— 5 月 21 日）

双子座（5 月 22 日 —— 6 月 21 日）

巨蟹座（6 月 22 日 —— 7 月 22 日）

狮子座（7 月 23 日 —— 8 月 22 日）

处女座（8 月 23 日 —— 9 月 22 日）

天秤座（9 月 23 日 —— 10 月 23 日）

天蝎座（10 月 24 日 —— 11 月 22 日）

射手座（11 月 23 日 —— 12 月 21 日）

摩羯座（12 月 22 日 —— 1 月 20 日）

水瓶座（1 月 21 日 —— 2 月 19 日）

双鱼座（2 月 20 日 —— 3 月 20 日）

记得有篇豆瓣文章是把 12 星座继续细分为四十八个星座，感兴趣的读者可以自己查找下。

人是复杂的高等生物，所以不管用哪种工具分析，即使分析出一个主人格也会有一个到多个的次人格。所以我们能做的也无非是尽可能无限接近发现真正的自我。

(2) 我适合做什么样的工作?

工作 = 职能 (职位)+ 领域 (行业)

按照上面的公式，思考适合自己的工作时，既要选职能，又要选行业。关于职能 (职位) 的话题准备在后面的章节中详细阐述，此处略过。

可以上百度先看一下大体有哪些行业类型。百度百科中的表格已经将行业做了细的分类。若简化理解，可以把行业分为产品行业和服务行业。前者提供产品，后者提供服务。如下表所示：

产品行业	
支柱产业	**装备产业**
电子信息	机械工业
化工	仪器仪表
汽车	发电与输变电设备
新兴产业	**都市产业**
生物技术	食品和农产品精加工
制药	印刷与包装
纳米	珠宝
光电子	化妆品、洗涤用品
新材料	服装服饰
新能源	纺织
环保	轻工

服务行业
商业零售业
物流业
会展业
金融业
餐饮业
旅游业
广告业
房地产
信息咨询服务业

由于时代不断在进步，社会不断在发展，所以注定一些行业会消失，一些行业会兴起。行业的分类也自然不断在变化，学者各有自己的研究和看法，所以作者在这里也只能粗浅地说明下，仅供参考。由于本书主要针对的是已经有工作经验的求职者，所以在对行业分类了解了以后，可以帮助求职者深入思考是否需要做行业转型。具体的，请看本书的转型章节。

总之，求职者要根据自己的特点、喜好、优势去主动发现自己适合的行业，从而在跳槽需要做行业选择（转型）的时候能够知己知彼，做出正确的决定。

7. 我想成为什么样的人，想做什么样的工作?

这个问题由前一个问题引申而来。因为“我是什么样的人”和“我想成为什么样的人”，“我适合做什么样的工作”和“我想做什么样的工作”往往是不一致的。

比如：我是个沉默寡言的人，但我想成为滔滔不绝的人；我适合做与数据打交道的工作，但是我想做与人打交道的工作。

理想和现实总是有差距。如何从现实走向理想？作者建议分三步走：

(1) 确认理想与现实的具体差距

(2) 分析哪些差距是后天可以通过努力缩小的，哪些则不能或者不值得

(3) 把精力花在可以缩小的差距上，而非花在不能或不值得的差距上

我们往往认为性格是先天的，其实先天的性格也可以靠后天塑造。即一个内向的人未必不能变为一个外向的人。只不过是否需要做这样的改变，需要先进行慎重思考。当然这基本取决于每个人自己的想法。

但需要指出的是：虽然不同工作对个性的需求会有所不同，但是这不代表不具备某类特征的人就一定不适合某种类型的工作。我们需要思考的是：放弃适合的工作，去尝试想做的工作需要怎样的代价？比如若是需要改变自己的个性，这是否值得呢？尤其是若这个想做的工作并不是自己真正了解的工作，只是基于想象的（想象中的事物总是完美无缺的），只是基于人云亦云，只是基于收入高等因素。好比找对象，相亲时遇见一个女神 / 男神级别的人物，因为其身上的光环而让人会忽视其身上存在的缺点，忽视彼此间的种种不合适，甚至为了让对方喜欢自己而去扮演自己认为的对方会喜欢的类型。但结果往往是不管怎么努力，注定从一开始就是没有缘分的结局。因为现实不是影视作品，所以吊丝逆袭式的灰姑娘遇上王子，从此幸福生活的事例极少，更何况对方未必是真男神 / 女神。

我们也往往认为技能是后天的，其实后天的技能也是基于先天天赋。就拿学琴来说，没有天赋的人苦练十年，也未必胜过有天赋的人苦练一年。若不承认天赋的存在，岂不是我们个个都能成为伟大的艺术家？

当然在职场中，绝大部分技能都是靠后天习得的，可以通过刻苦学习使我们的表现同他人的差异不大。只是，我们的时间是有限的。如果一个人清楚知道自己更擅长的领域是什么，那么他就应该集中精力去提高这一领域所需要的技能，而不是在多个领域中分散自己的精力。对我们大多数人来说，能够专注在一个领域，成为这个领域的专家就是成功。好比找对象，不是说相亲次数越多就能越快找到对象。与其花精力一次次地相亲，不如花精力和看得还顺眼的一个对象先相处看看。

最后总结一下：

(1) 人的个性特征没有好坏之分。我们首先需要接纳自己，即接纳自己是什么样的人。若想变成一个和目前的自己有所不同，甚至完全不同的人不是没有可能性，但是需要三思而后行。

(2) 工作没有高低贵贱之分。虽然有收入高下之分和其他种种分别，但是工作本身是平等的。我们首先需要知道适合自己的工作是什么。想做的工作如果和适合自己的工作不一致的时候，需要明确是否真的不喜欢适合自己的工作，明确是否知道想做的工作是如何的（利弊悉知），明确知道为了想做的工作自己需要付出哪些努力。现今社会充斥着拜金风气，人在其中很难不受其影响。或许只有有了一定的阅历之后，人才能真正懂得做自己喜欢的、适合的工作才是最重要的。

(3) 顺应本性，顺其自然。这是耳熟能详的道理，不过做起来并不容易。因为这需要我们能够先做到了解自己的本性，然后再顺着本性自然而为。

8. 我在工作中的成就感来源于什么?

为了使人们在工作时感到快乐，必须做到以下三点：他们一定要胜任自己的工作；他们不可做得太多；他们必须对自己的工作有成就感。——(英)罗斯金 .J

成就感是一种积极的情绪体验，是个人自我价值得到认可后的满足，对于建立自信心、激发潜能等都有很强的促进作用。那么工作中的成就感来源于哪里？作者总结了六个方面，包括：个人成长、人际关系、薪酬、职务、荣誉、工作的挑战性。具体来看看吧：

(1) 个人成长

个人成长包括身、心、脑三方面的成长。“身”指身体层面，“心”指心理层面，“脑”指知识、技能层面。一份促进人成长的工作，无论是能够促进身、心、脑的哪个方面，都可以给人带来成就感。促进成长的方面越多、成长的速度越快，成就感就越大。

跳槽的一个很重要的原因是没有个人发展空间，很多人指的这个空间不仅指职务的晋升，更指个人的成长空间。因而“没有新东西可学了”“感觉自我成长速度放慢了”都是经常听到的跳槽理由。

(2) 人际关系

人际关系是人们在交往中心理上的直接关系或距离，它反映了个人寻求满足其社会需求的心理状态。

说人是群居动物应该是不会遭到反对的。因为群居性，所以人害怕孤独，害怕被孤立。所以我们会非常重视与他人的关系，和他人建立、维持良好的关系会给我们有信任感、安全感、成就感。

在工作中，我们都需要和他人交往，并通过好的人际关系来促进工作的开展并愉悦自身。所以工作中的人际关系（包括内部同事之间，与领导的以及和外部合作客户、供应商的关系）若是积极的、和谐的，我们就会感觉到工作起来更带劲，更有成就感。人的群居属性决定了我们需要别人的评价。即使工作任务完成得出色，但若没有人赞美、欣赏、鼓励，我们还是会觉得这个环境让人窒息，并说出这些似曾相识的跳槽理由：

“公司的人都很冷漠，只顾自己手头的事情，经常扯皮让我很沮丧。”

“新领导不懂业务，总是指手画脚，做错了责任都是我们的，做对了，功劳都是他的，我实在不想再忍受了。”

总之，不喜欢的老板、同事往往会降低我们的成就感，促使我们想跳槽。

(3) 薪酬

绝大多数人工作是为了谋生。虽然谋生不是一个人工作的最主要目的，但是酬劳依旧是我们收获成就感的重要指标。因为酬劳是最直接地衡量我们的付出价值多少的手段。虽然成就感未必来源于高薪，或者说未必仅来源高薪，但是高薪一定有助于带来成就感。

(4) 职务

对一个人工作表现的认可除了体现在薪酬、荣誉外，还体现在职务上。那么多人因为没有职务的晋升而选择跳槽就是他们的成就感更多地来源于对权力的渴望。不可否认薪酬总是和职务挂钩，没有更高的职务往往就没有更高的薪酬。对薪酬的向往会促使人们去追求更高的，但是不能说对职务的追求仅仅是因为对薪酬的追求。有的人生来就渴望做领导者，渴望带领团队去实现目标，从而获得更多的成就感。

(5) 荣誉

人贵为高等生物就在于人有思想、有精神诉求。成为“英雄”，获得荣誉是人再本能不过的需要。每个女演员心底里都期待获得奥斯卡最佳女主角奖，每个作家都做过诺贝尔文学奖的梦，研究者则憧憬着成为“史上 XX 第一人”“XX 之父”等。一个人在其投身的领域获得的荣誉越高，其成就感也往往越大。对于你我职场普通人而言，公司颁布的优秀员工奖、突出业绩奖等荣誉往往会带来很大的成就感，因为这些奖励不但是对我们工作表现的充分认可，而且会让我们至少在一个时期内成为小团体里的“明星”。

(6) 工作的挑战性

作者刚开始工作时不太理解：为什么很多人看上去什么都拥有了还想跳槽甚至想创业？现在渐渐明白，所谓的高薪、大权、“舒适”的人际关系、令人赞叹的荣誉等能够带来的成就感都是“边际效应递减”的。一个人从年薪十万到年薪二十万或许会产生巨大的成就感，但从年薪一百万到一百五十万能够产生的成就感就非常有限，甚至会因为目前的平台不能提供更有挑战性的工作而产生“迷茫”的感觉。

作者觉得，这些人最大的成就感来源于：遇到自己从没遇到的问题并能够加以解决。因为个性中的永不言败、渴望不断地挑战自我和激发自我的潜能，所以这些朋友只有在面对挑战的工作中才会感受到他们认为的真正意义上的成就感。

虽然上面说了六种最普遍的来源，但因为每种来源对个人成就感的影响力因人而异，所以作者相信成就感的来源不会仅限于提到的六种。关键是：我们首先需要知道哪种来源能够真正带来成就感，然后需要评估所在公司、所在职位是否能提供这样的来源。就像找对象时，身边睿智的朋友会问：你的对象能否让你做自己、对自己更有自信？甚至能否让你变得更好？发挥更多的才能、发掘更多的潜能？如果答案是肯定的，那么恭喜你找到了一个好的对象。

9 我如何获得工作中的成就感?

首先，请参照上个问题的解答，明确自己的成就感来源有哪些。随后，请带上一颗平常心、一份把职业当事业的热情和一些必要的弹性去寻找你的成就感吧：

(1) 一颗平常心：积极的工作态度和平和的心态

“态度决定一切。”作者认为虽然态度不可能决定一切，但是态度的确非常重要。没有积极的工作态度，就没有积极的工作付出。而没有付出，何来收获?

除了态度要积极外，作者更强调心态要平和。刚到一个新岗位时，但凡有点追求的人都是踌躇满志、意气风发的，态度自然是非常积极进取的，工作自然是非常认真用心的。但是用不了多久，很多人就变得颓废不堪、愤世嫉俗、消极怠工了。很可惜，一来他们不知道职场是场马拉松，付出未必能立即得到回报；二来他们不明白职场如江湖，江湖必有恩怨，免不了沉浮，也免不了是非。平步青云的是少数人，顺风顺水的也是少数人。词人辛弃疾说的好：“叹人生、不如意事，十常八九。”(《贺新郎·用前韵再赋》) 所以说在职场，拥有平常心，保持心态平和是最重要的。只有如此，才能做到宠辱不惊、处事不乱，始终保持积极、乐观、向上的工作态度；即使在遭遇逆境时，也能够及时调整自己的心态。无论是年少成名还是大器晚成，要相信是金子总会发光的。即使发光的金子没有被人赏识，为什么不能自我赏识呢?有多少艺术家是身后留名、光耀世界的?

说到底，个人的成就感终究是个人的感受，内心强大的人善于自我认可，而不必基于别人的认可。而且作者相信：在如今的互联网高科技时代，寻找到合适的平台与工作岗位(事业)的几率要大大高于过往的任何时代。所以我们只需要始终保持好的态度和心态，尽人事即可！

(2) 一份把职业当事业的热情：工作不仅仅是工作

除非你自己有做事的热情，否则就算时刻有人督促你，你愿意付出的努力终究是有限的。拿考试来做比方，假设平时你有80分的水平，如果你只是把职业当职业，就好比你只想考60分，结果很可能因为不够努力而考了不及格；但是如果你把职业当事业，那就好比你就是想考100分，结果通过加倍努力就能考到90分或者更高。大多数人工作是为了赚钱，赚不到钱，会考虑换一份工作。但是事业不同，事业是即使赚不到钱，也会继续投入，继续付出。所以，无论是否创业，只要一个人能把工作当成事业来全力以赴地投入，他的收获就都会成比例地增加。

(3) 一些必要的弹性：学会让工作中的挑战保持在适度范围

所谓适度的挑战，是指一个人能够通过发挥潜能而战胜的挑战。作者喜欢玩保卫萝卜之类的小游戏，相信很多朋友也一样。一来玩这些小游戏的过程就是一个不断闯关的过程，因为每关有点小难度，所以一旦闯关成功，就会获得成就感；二来，这些小游戏允许你玩到一半"暂停"，等有时间了再继续寻找成就感。

如果一个工作不能够激发人的潜能，那就像游戏太简单一样，早晚会让人觉得乏味，心生厌弃。而如果一个工作需要消耗的资源超出了一个人拥有的限度，那就像有的游戏关卡必须一闯到底，否则只能从头再来，早晚会让人觉得整日疲于奔命却一事无成，从而心生沮丧。所以，工作中的弹性很重要，提供的挑战一定要让人感到尽力而为，则力所能及。

高明的领导者都知道如何为下属安排弹性适度的工作。而我们自己也要努力变得更聪明，知道自己哪些事可为、可成，哪些则不。

本章小结：

苏格拉底说过一句名言：认识你自己。认识自我是非常困难的，需要我们用一生的时间去追求。在弄清自己喜欢什么人、喜欢做什么工作之前，都需要首先回答关于自我认知方面的问题。即使这是一个非常难以作答的哲学问题，我们也必须在深入思考、探究之后，去尝试回答。请读者在做相关选择时，务必回答好本章提出的四个问题。

第四章
能帮我介绍个相亲对象吗——跳槽途径

10. 从哪里获得招聘信息?

相亲第一步是有人可相，而跳槽第一步是有机会可选。作者总结的获取跳槽机会的途径如下：

(1) 网络途径

①企业官网

很多企业的主页上会有“加入我们”“诚聘英才”的栏目，点击后就可以查看该企业的招聘信息。

②综合性招聘网站

老牌的有三家：51job、智联招聘、中华英才网(已被58同城收购)。

③行业性招聘网站

如：中国汽车人才网、化工人才网。

④技能性招聘网站

如：中国外语人才网。

⑤猎头性质的招聘网站(招聘新模式)

即在此类网站上发布招聘信息的是猎头公司的猎头而非实际用人企业的人事，且求职者可以直接投递简历。如：猎聘网、猎上网。

⑥职业社交类招聘网站

如：Linkedin(领英中国)。

⑦论坛

如：天涯。

⑧微博、微信公众号、微信朋友圈

最近在网上看到一篇文章《招聘者应该去了解的158个新媒体渠道》(有兴趣的读者可以自己去查找下)，里面提供了众多的分类网站。作者认为，此文虽然是启发招聘者扩展职位发布渠道的，但对求职者也有参考价值。在该文所涉及的新媒体渠道中，作者推荐重点关注三类高频职位信息发布渠道：职业社交网络、招聘新模式和垂直社交网络(行业分类社交网)。而对于本身不以招聘为目的的其他网络渠道，求职者随缘留心即可。

(2) 熟人途径

(3) 猎头途径(科锐国际等)

(4) 招聘会

包括企业自己举办的招聘会，行业协会、商会、地方政府等举办的招聘会。

(5) 其他

报纸、杂志刊登的招聘广告，店铺门口的招聘广告。

[注]如今很多报纸、杂志都有电子版。

不管通过哪种途径获得了招聘信息，求职者都应该从其他途径去核实以尽可能多地获得真实信息。虽然现在投出一份简历只需点击几下鼠标，但与其浪费时间投递简历给一个无效的职位机会，不如事先尽可能核实清楚，从而把时间、精力花在最有价值的机会上。

11. 简历往哪里投递?

确认过招聘信息后，简历该投给谁?

网站? 朋友? 猎头?

原则只有一个：投给最直接的、能最快建立起联系的地方。

打个比方，你有个远亲告诉你：他邻居家有个适龄单身的女孩想介绍给你。你偶然得知，这个女孩竟然就是你大学室友的表妹。你会选择哪方给你介绍? 一般人都会选择后者。不单是因为关系简化了一层（同学的表妹 vs 亲戚的邻居的小孩）会带来更直接、方便的联络，更是由于你和同学的关系更近，你预计从他那能获得更多关于他表妹的信息。

总结起来看就是：

与人沟通的途径即有人沟通的途径优先于无人沟通的途径即邮箱（网络）途径。

互动 ＞ 单线

投递到用人部门的途径优先于投递到负责招聘人事的途径。

用人部门 ＞ 招聘人事

[注] 投递简历到用人部门的前提是明确知晓用人部门不排斥这一做法。作者并不鼓励盲目地投递简历到用人部门。

12. 跳槽通过熟人推荐还是通过猎头推荐?

当一个跳槽机会既有熟人途径又有猎头途径时，很多优秀的职场人士往往会纠结该如何选择。作者认为这个答案只能是因人而异，如下的建议仅供参考。

(1) 不管是熟人还是猎头先提供了信息，一旦表达了通过哪方介绍的意愿就要“从一而终”。

经常有人会在通过熟人推荐简历后，暂时没有下文时就选择猎头途径再次推荐。反之亦然。且不说人才库系统完善的企业的招聘人事会怎么看待这类求职者，不管是猎头还是熟人，一旦得知其“脚踏两只船”，都难免会心生芥蒂，因为这种行为会让介绍方感受到不被信任。若是非要选择新的合作伙伴，务必要提前告知前任。

其实，简历投递后没有下文通常意味着或者求职者不适合这个职位，或者职位在招聘进展中出现一些问题。所以，不管选哪个介绍方，只要简历已经到达负责该职位招聘的人事手中或部门手中，那么没有下文和介绍方其实毫无关系。介绍方能做的至多是打探出为什么没有下文，而不是能够改变没有下文的状况。

在此多提醒一句，若是通过不同的猎头先后推荐同一个职位，不但不会让招聘方的人事觉得求职者“市值”高，人脉广，只会让招聘方觉得求职者不够专注，也不够聪明。所以求职者要慎重选择合作的猎头。

(2) 选择与招聘方关系近的介绍方而非与求职者自己关系近的介绍方。

求职者之所以纠结是否利用猎头途径往往是由于不信任猎头。毕竟，与一个认识多年的同学相比，一个新近认识的猎头很难让人放心交出简历。即使电话交流过几回，甚至见过面，喝过咖啡，猎头在信任感上依旧不可能胜过同学情谊，这无可厚非。但是，求职不能靠感性，必须靠理性。如果猎头足够专业，那其与招聘方的人事/部门的关系一般会比熟人要更近一些。既然猎头能拿到的职位信息更全面，反馈速度更及时，对整个行业的了解更有深度，那为什么不选择与其合作呢？反之，若熟人途径的关系更近，其对该职位的招聘更具有影响力，甚至是拥有一定程度的决定权，自然应该选择熟人途径。还有一种特殊情况：熟人就是招聘部门的老板。此时为了避嫌，通常会选择以猎头推荐的方式来走招聘流程，并且在必要时，还可以通过猎头给人事一些提示。当然，如果部门和人事私交甚好，大可直接去给人事打招呼，相应地求职者就可以直接给人事投递简历。

客观而论，熟人推荐是欠人情债，无论成败，都非无本买卖。而猎头推荐是商业合作，双方在合作中是利益共同体，即使合作失败，也没有欠债；且无论合作成败，若双方气场相合，彼此欣赏，还能从此多一个朋友。

13. 面对跳槽的各种途径，我该如何选择？

求职者可以从信息时效性与互动性两方面来评估各类途径，并加以综合运用。如下表：

	信息时效性	互动性
网络	低	中低
熟人	高	中高

续表

	信息时效性	互动性
猎头	高	高
招聘会	中	中低
其他	低	低

[注]互动性是指求职者和利用的途径是否存在双向沟通。

时效性是指在一定时间内能够得到明确反馈的速度。

随着新媒体的兴起和移动互联网的发展，网络（线上）的互动性正在加强。O2O的时代已经到来，社交类招聘网站的日益兴起也预示着今后网络途径在跳槽领域会发挥更多的作用，不容低估。

但是非网络（线下）的途径（包括熟人和猎头途径）因为提供的信息更加真实可靠，反馈也更为直接而及时，所以仍然是有一定年资的职场人士跳槽时的首选。所以我们也不能忽视人脉的搭建和维护。毕竟技术手段都是为人服务的，人才是主体。

此外，因为时间的稀缺性，即使多种途径都可以利用，作者还是建议根据自身当下所处的情况，如资历、跳槽的紧迫度对各大途径的使用频率和次序有个大致评估。如下面两表：

频率	0~3年	3~5年	5~8年	8~15年	＞15年
网络	高	高	中	中低	低——极低
熟人	中	中	高	高	高——极高
猎头	低	低	中	高	高——极高
招聘会	高	中	中——低	低	极低
其他	中	低	低	低——极低	极低

[注]指标参数分为极高，高，中，低，极低。

	紧迫性高	紧迫性中	紧迫性低
网络			资浅优选
熟人	无论资历优选		资深优选
猎头	无论资历优选	资深优选	
招聘会		资浅优选	
其他			

[注] 优选即优先选择。

总之，虽说“条条大路通罗马”，但最好根据实际情况选择最合适的一条路，或者说应当规划好求职路线图。

14. 面对跳槽各种途径里的供应商，我该如何甄别优劣?

要甄别优劣，先评判适合与否。就好比相亲，适合的人就是优选，不适合的人就是劣选。不适合的相亲对象也可能本身的条件并不差，而适合的相亲对象也可能只是“情人眼里出西施”。作者总结了三种方法供参考，必要时可以综合运用：

(1) 直接的用户体验

不管是运用网站投递简历，还是通过猎头投递简历，每种途径下都有不同的供应商，亲自和这些供应商打交道自然就获得最直接的用户体验，优劣自然见分晓。

对于招聘网站，求职者可以考察：

其发布的信息是否来自好公司，是否更新快?

一般投递多少份简历可以获取一个面试机会，面试机会在投递简历多久后得到?

职位高低的分布如何?

对于猎头，则可以考察：

其对该客户公司的了解是否深入，对职位的理解是否正确?

其对被猎对象是否了解?

其沟通表达能力如何? 跟进是否及时? 邮件是否专业?

而在招聘会上，必须考察：

企业提供的宣传资料制作水平如何？

招聘人员本身的素养高低如何？

初步面试的问题反映了企业关注点哪些？

此外，直观的感受也是很好的评估。如网站界面是否友好，包括布局是否合理、操作是否便捷、浏览是否顺畅等。好的猎头除了专业度以外，应该具有亲和力，并能给人产生信赖感。

正所谓“不怕不识货，就怕货比货”。直接体验过不同的供应商后，自然会有优劣及合适于否的评判。

(2) 人脉打听

基于时间的稀缺性，你不可能每家供应商都通过直接体验去一一甄别，所以通过熟人人脉打听就是另一种重要途径。熟人除了可以介绍职位机会，也可以介绍能够提供职位机会的好猎头，以及其使用过的好网站，甚至一些小众高端的招聘会。对于能够提供这些信息的有效人脉，平时要多加留心维护，跳槽时就可以多加询问，一定会有收获。

(3) 数据分析

人的感觉往往会出错，比如一个强势但专业的猎头容易让人感觉不够平易近人，从而会被误判为不是好猎头。相亲首要找性格合的，但求职跳槽首要找专业度高的，不能本末倒置。人有盲目性，容易轻信亲友。一个好友推荐的网站会被不加质疑地利用起来，但实际体验后会发现其乏善可陈甚至很糟糕，原因往往是好友也只是听别人说此网站不错。所以为了最大程度地避免判断的误差，我们除了需要时刻保持理性外，还需要借助工具，即利用数据分析。至于数据分析的维度可以自己设定。如以下三个表格：

	年均提供机会	年均成功机会	专业度	服务意识	彼此关系	综合评估
猎头 A						
猎头 B						
猎头 C						

[注] 1. 指标可以是分三个层级或五个层级

2. 如综合评估：放弃 / 保留 / 观望

3. 专业度 / 服务意识 / 关系：极差，差，一般 / 不好不坏，好，极好

	感兴趣公司	信息更新及时性	操作便捷性	投出简历数 / 年	得到反馈数 / 年	成功数 / 年
网站 A						
网站 B						
网站 C						

简历更新	HR 联系数	猎头联系数	成功数
三天			
一周			
一月			
三月			
六月			
一年			

[注] 以上两表可以按任何的时间单位来做评估。

如上的表格做起来其实花费不了多少时间，但可以预计到很多人未必乐意做。虽然两次跳槽的时间间距短则几个月，长则几年，似乎没有必要花费精力做研究分析，但作者认为，若想要获得一个真正的好机会，那么花多少努力都是值得的。毕竟我们能决定的是过程，而非结果。追女神 / 男神是为了追到手，虽然结果不是可预计的，但是过程却是可设计的。既然为了追女神 / 男神我们可以奋力而为，甚至有勇气明知不可为而为之，那为什么在职场上，不肯多花一点心思呢？如今利用在线的工具来管理表格，进行及时的更新与存储等操作都是非常便捷的。花费一点时间和精力用于选择真正有效途径，最终不仅将节省稀缺的时间和精力，而且可能带来更好的跳槽机会与跳槽收获。

本章小结：

跳槽的途径和找对象的途径非常相似，无非是利用网络途径、熟人途径、猎头途径等。我们需要结合对其各自特点的了解和自己实际情况的判断来分别善加利用，做到既能综合利用又懂主次之分。而在评估供应商的优劣时，既需要直接体验，又应当认真“倾听”人言和数据。总之没有针对所有问题的最佳途径，只有针对某一个问题的最佳途径。

第五章
家境好不好——企业选择

15. 进什么样规模的企业?

要回答这个问题，首先要知道企业规模是指什么。

按照中国国家统计局 2003 年颁布的标准，中国企业的规模分成大、中、小型。如下表所示：

行业名称	指标名称	计算单位	大型	中型	小型
工业企业	从业人员数	人	2000 及以上	300~2000	300 以下
	销售额	万元	30000 及以上	3000~30000	3000 以下
	资产总额	万元	40000 及以上	4000~40000	4000 以下
建筑企业	从业人员数	人	3000 及以上	600~3000	600 以下
	销售额	万元	30000 及以上	3000~30000	3000 以下
	资产总额	万元	40000 及以上	4000~40000	4000 以下

续表

行业名称	指标名称	计算单位	大型	中型	小型
批发企业	从业人员数	人	200及以上	100~200	100以下
	销售额	万元	30000及以上	3000~30000	3000以下
零售企业	从业人员数	人	500及以上	100~500	100以下
	销售额	万元	15000及以上	1000~15000	1000以下
交通运输业企业	从业人员数	人	3000及以上	500~3000	500以下
	销售额	万元	30000及以上	3000~30000	3000以下
邮政企业	从业人员数	人	3000及以上	400~3000	400以下
	销售额	万元	30000及以上	3000~30000	3000以下

（来源：百度百科）

如此表所示，衡量企业规模的要素包括从业人员数量、销售额和资产总值等。其中，最简单而核心的要素是从业人员数量。

对于上市企业，求职者可以从其年度财报查阅到以上三个信息。对非上市企业来说，求职者可以从其官方网站和企业内部的从业人员（即亲朋好友）那获取信息。并且最好收集到最近三年的情况，以此分析出大致趋势的走向。

特别需要指出的是：求职者真正需要关心的是细节的信息，包括：一个企业在华（中国）境内的从业人员有多少，设置的总部地点在哪里，分支机构有几个，有无生产基地，有无研发基地等。这些信息会帮助求职者确定目标企业（尤其是外资企业）在国内的真正规模，再根据自身需求，判断是否还有必要进一步了解其业务状况。

了解企业的规模以后，求职者需要思考自己想进大企业还是小企业。

下表简单分析了大企业和小企业各自的普遍利弊：

大企业和小企业的普遍利弊比较		
比较项目	大企业	小企业
办公环境	较佳	
工作氛围	视企业文化而论	视企业文化而论，较佳
流程体系	较规范而繁琐	较灵活但简陋
薪酬福利	行业平均水平的75分位，福利全面	高于或低于行业平均水平，福利较少甚至没有
晋升机会	较少，除非企业文化提倡内部提拔	较多，除非企业所有者用人唯亲
培训机会	较多，有外聘专业机构提供培训，海外培训机会	较少，内部人员提供培训
归属感	视企业文化而论	视企业文化而论，较佳

[注]1. 此处分析的前提是基于同属一个行业，指明的是普遍情况，并不代表所有情况。求职者可以根据个人偏好增减比较项目，并且针对想应聘的企业做具体的对比分析。

2. 分位是统计学概念。如果有 100 个数，按从小到大排列，排在第 10 个即为 10 分位值，排在第 50 个即为 50 分位值，也叫中位值。薪酬分位一般采用四分位，即 25，50，75，100。75 分位就是中高值。

如果求职者要跨行业比较企业规模，建议务必先对比较的各个行业进行深入的调整。作者不建议进行跨行业比较，因为行业之间差异悬殊，很难具备可比性。比如服务业和制造业之间，新兴的互联网业和传统工业之间，都没有可比性。即使在同一个大类行业内，不同的子行业也往往差异很大。比如物流行业里的快递企业和供应链管理企业，又比如人力资源咨询服务企业和企业管理战略咨询服务企业，都是不同的。

最后需要指出：对于互联网行业的企业，无需从企业规模大小去做过多比较。这是因为互联网行业的许多小企业提供的资源，完全堪比其他行业的大企业，甚至更多。总之，求职者务必凡事就事论事，具体情况具体分析。

16. 如何判断一家企业的企业文化？

判断“看不见，摸不着”的企业文化需要从两个层面考察。一个层面是企业层面即宏观层面，看的是整个企业，看的是总体。另一个层面是团队层面即微观层面，看的是所在部门，看的是局部。

(1) 企业层面

又可以分三个类别分析：

a. 国家（包括地区）

对于求职者而言，分析一家企业的企业文化，既不用看这家企业的注册地在哪里，也不用看企业的总部设置在哪里，而是要看这家企业的所有者、直接的经营者是哪国人，管理层是哪国人或哪些国家的人。

举例：

一个中国人在美国留学，毕业后在美国注册了一家企业，企业总部在纽约。这家企业的所有者即三个出资方都是一起留学的中国人，企业的实际运营管理是其中的一位负责，其手下的管理层团队都是中国人。

请问这家企业是美国企业还是中国企业？从注册地来说是美国企业，从企业文化来说是中国企业，更确切的说是有留洋背景的中国人创建的中国企业。

不同国家、地区的主要文化特征会反映在人的个性特征中。而由人构成的企业相应地会反映类似的特征。下表总结了作者对这些特征思考，供求职者参考。

不同国家、地区的文化特征和自然人风格			
国家、地区	**文化**	**人**	**企业**
中国内地	儒家思想为主导，兼具道家、法家、佛家等思想影响，同时有受西方文化的多元影响	小聪明；讲究建立和维护关系，喜好建立小团体；重面子；不重视规则；推崇仁、义、礼、智、信、恕、忠、孝、悌	强调服从领导。不重视规则。流程、体系不健全，随意性大。凡事根据领导意志
中国香港	传统文化外具有英属殖民地文化	诚信、敬业、重视权利和义务对等	尊重领导，追求效率
中国台湾	儒家思想等传统文化的基础深厚	重视亲情、关系，敬业	尊重领导，家族制
新加坡、泰国等华人聚集的国家	儒家思想及佛教的教义的基础深厚	勤劳、忠诚、守信、报恩、重视乡情	华人企业强调忠诚度，感情纽带，爱企如家
美国	个人主义	追求自我奋斗、个性、尊严、平等	上下级关系相对平等，可以直谏。重视规则、流程、体系。工作节奏快。结果导向
加拿大	包容、尊重各移民自身的文化	谦虚友善、乐于助人、务实	上下级关系相对平等，建立在人本主义之上的规则、流程、体系
澳大利亚	早期传承英国文化，近期受美国文化影响、土著文明	大胆、冒险、乐观、洒脱	类同加拿大
英国	利益、自律	内敛、务实、保持距离感的绅士精神	非常重视规则、流程、体系，工作节奏较慢，重视身份、地位的差别

续表

不同国家、地区的文化特征和自然人风格			
国家、地区	文化	人	企业
德国	思辨的哲学思想，带有自我矛盾	严于律己、讲究秩序、守时、注重礼仪	极度重视规则、流程、体系，工作节奏较慢，注重质量控制，公司内等级森严
法国	开放、批判、骄傲	浪漫、散漫、傲慢、情绪化	重视身份、地位的差别，工作节奏慢，有规则、流程、体系，但随意性大
意大利等其他南欧国家	崇尚艺术、享受	随意、热情、懒散、情绪化	工作节奏极慢，规则、流程、体系的素以性很大
瑞典等北欧国家	崇尚自然、不争	内敛、低调、自豪、自律、重视家庭	工作节奏慢，建立在人本主义之上的规则、流程、体系
俄罗斯等东欧国家	中西文化特征的中间性、兼容性，集体主义	英勇顽强和善战，热情慷慨但不守信等二极性、矛盾性	小企业是服从领导，强调平均主义的计划经济体制下的运作。大企业兼具美日的模式，形成“内部人”控制模式
日本	物哀、风雅、幽玄；外来事物日本化、注重现实利益	内敛、含蓄、团结、重视羞耻感、群体性服从、讲究秩序	传统企业是家族制，家长制，下级服从上级。集体主义倾向
韩国	儒家文化背景的传统文化，东西方的混合性	强烈的爱国主义之心、民族自豪感、尊老爱幼、注重礼仪、勤奋	传统企业是家族制，家长制，下级服从上级。深受儒家文化影响。集体主义倾向

续表

不同国家、地区的文化特征和自然人风格			
国家、地区	文化	人	企业
印度	宗教为中心、佛教文化、以诗为史	重精神、轻享受，重内在的秩序、轻外部环境，重个人、轻集体	家族文化，重视精英。高科技企业重视创新

［注］一个国家或地区的文化往往是多元的，多样的。因为很多国家和地区都是多宗教信仰，多民族共居的，不同阶段都或多或少受到外来文化的冲击，所以表格中所指的仅是一些比较被公认的特征。至于这些特征对每家企业影响到底有多大，还是需要求职者具体问题具体分析后，找出企业的管理者和员工真正的文化烙印。

为了让读者有更感性的认识，作者以用餐为例加以说明。

● 中国企业：

上下级通常各吃各的，关系好的同事会选择一起吃。国企吃食堂，民企带便当、叫外卖。午休时间充裕的才外出就餐。如果上级请客，下属都会参加。请客原因通常是获得了荣誉。无论是领导找下属吃饭还是下属找领导吃饭，都是联络感情为先，谈工作、解决问题为后。领导即使以私人名义发起聚餐，也会被贴上领导标签，通常由领导买单。如果领导以某位下属的事由发起聚餐，那么通常由这位下属买单。若是叫外卖，领导会差遣助理或某位下属统一操办。

● 美国企业：

关系好的同事会选择一起吃饭，不分上下级，不分中外。一般都是外出就餐。如果上级请客，下属可以选择不参加。请客原因多种多样。如果领导以私人名义发起聚餐，那就是真的私人聚会。若是叫外卖，也是各叫各的。事先说明非请客性质的，都是 AA 制。

● 德国企业：

关系好的同事会选择一起外出就餐，一般中国人和德国人会分别行动。不管领导找员工吃饭还是员工找领导吃饭，都是为了解决工作问题，与联络感情无关。而与吃饭相比，德国人更倾向于下班后喝杯啤酒，顺便就把工作问题解决了。只有在年底或团队建设活动中，愿意接受中国习俗的德国领导才会请客。事先说明非请客性质的，都是AA制。

● 法国企业：

关系好的同事会一起外出就餐，法国人几乎很少和中国人一起。若叫外卖，也是各叫各的。事先说明非请客性质的，都是AA制。

● 日本企业：

同事各吃各的，带便当居多，上下级通常会一起吃。若是叫外卖，领导会差遣助理或某位下属统一操办。若没有统一操办，下属也会随领导喜好选择叫何种外卖。请客、聚餐的事由有公事也有私事，但一般都是放在晚上。领导外出开会、出差，回来后会给部门下属带些点心。

企业类型	领导请客频率	团队聚餐频率	领导和员工一起用餐的习惯
中国	中低	中低	两者之间
美国	低	中低	两者之间
德国	极低	极低	无
法国	极低	极低	无
日本	中高	中高	有

按二分法分析：东方文化讲情，西方文化讲理。企业文化的倾向性可以分为人治/法治，个人主义/集体主义、有/无契约精神。

b. 企业所有制

根据企业的所有制性质及有关法律规定，中国的企业分为全民所有制企业、集体所有制企业、私营（个体）企业、混合所有制企业（中外合资经营企业、中外合作经营企业）和外商独资企业。

关于企业所有制，求职者无需深究，而只需要知道企业是单一文化来源还是多元文化来源，有一个决策人还是多个决策人，即可初步分析其企业文化。

举例：

一个中国人开了家企业，企业文化就是其个人文化。

三个美国人开了家企业，企业文化就是这三位共同认可的文化。

中国企业和德国企业分别出资50%建立一家中德合资的企业，

企业文化就是这两者综合后的文化。通常哪方拥有的决策权更大，其文化就更占主导地位。

c. 国企和民企

国际惯例中，国有企业仅指一个国家的中央政府或联邦政府投资或参与控制的企业。在中国，国有企业还包括由地方政府投资参与控制的企业。

民营企业：

广义：非国有独资企业均为民营企业，包括国有持股和控股企业。

狭义：私营企业和以私营企业为主体的联营企业（本书采取狭义定义）。

作者认为，无论是哪国的国企，其特点都是官僚化、机构庞大、政府会负责到底。文化方面，往往是对上负责；政治环境方面，无论是企业的内部还是外部，都很复杂。不过，对于许多底层员工来说，这类企业相对民企而言确定稳定得多。必须指出的是：一些在中国的外企其实就是其本国的国企，具有稳定性好、福利高、压力小等国企的优点，而没有外企文化的属性。换言之，外企也是分国企和民企的，选择的时候要特别注意这个属性差异。

如果说国企是大同小异，那么民企就是各有千秋。因为不管企业规模是大是小，文化总是取决于所有者、管理者的价值观，所以民企的文化归结来说是创始人文化。如果管理层使用了职业经理人，那么民企会增添少许属于其价值观的文化。

［注］关于上市企业和非上市企业：只有具备各国规定的上市条件的企业经过成功申请后才能上市。上市企业的财报透明，规章制度相对完善。但上市企业和非上市企业之间的企业文化并没有可比性。

(2) 团队层面

对于员工规模庞大、部门众多的企业，求职者除了要考察其企业文化以外，更需要考察应聘的部门乃至部门下面的团队的文化。团队文化体现在：直线汇报线、部门领导的性格特征和价值观以及其对团队建设和管理方面的理念和行为。

因为企业文化只有适合与不适合的区分，所以求职者不应抱着成见去比较。作者建议大家了解企业文化时，同时关注企业层面和团队层面的文化。在选择加入一家企业前，应尽可能多接触里面的人，以便多些直观感受，更有利于作出正确的判断。

17. 如何判断一家企业的业务状况？

这是一个很重要的问题，但很难回答。求职者应该尽可能多地获取信息，并从以下四个纬度综合分析后，作出初步的判断。

(1) 生命周期

人有生老病死，企业也是如此。美国管理思想家伊查克·麦迪思把企业生命周期(Life Cycle)形象地比作人的成长与老化。他把企业生命周期细分为孕育期——婴儿期——学步期——青春期——盛年期——稳定期——贵族期。简化之就是初创期、发展期、成熟期和衰退期。

各个生命周期的风险和收益

	初创期	发展期	成熟期	衰退期
风险（企业倒闭）	高	中高	中低	高
收益（个人发展）	高或低	中高	中低	低

求职者自然应该选择进入的是除衰退期以外的三个周期。根据自己的个性特点和所处的人生阶段再做进一步的选择。现在的你是保守派还是冒险派？是一人吃饱全家不饿，还是上有老下有小？这都是做选择时需要考虑的因素。

不过，因为行业千差万别，企业也是各不相同，所以不是每个企业都必然按描述的顺序经历各个周期，也不必然经历描述的每一个周期。那么，求职者在应聘时，就生命周期纬度可以做哪些判断呢？

①目前企业所处的周期是什么？

②目前企业所处的周期会持续多长时间？

③企业将要经历的下一个周期是什么？

以上①是必须要去判断且要尽可能判断准确的，相信普通求职者都可以做到。至于②和③不是普通求职者能做到的，因为需要的不仅是有正确的信息源，还要有足够的专业领域的分析能力。

(2) 组织结构

组织结构(organizational structure)是表明组织各部分排列顺序、空间位置、聚散状态、联系方式以及各要素之间相互关系的一种模式，是整个管理系统的“框架”。

组织结构的基本类型：

①直线型

②职能型

③直线职能型：直线汇报+职能划分(绝大多数中国企业采用)。

直线职能型

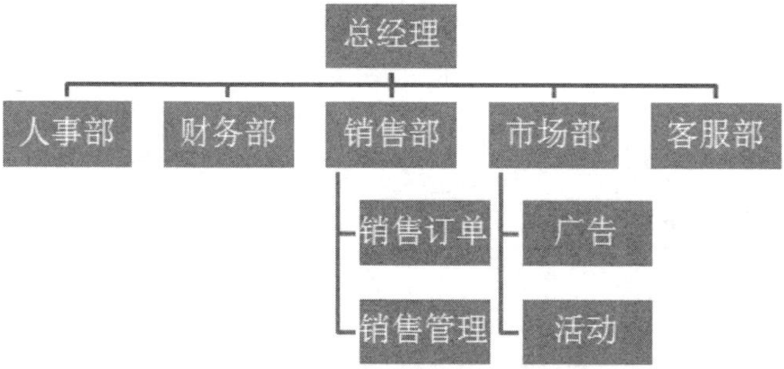

④事业部制：事业部独立经营，独立核算(经营实体非法人实体)。

事业部制

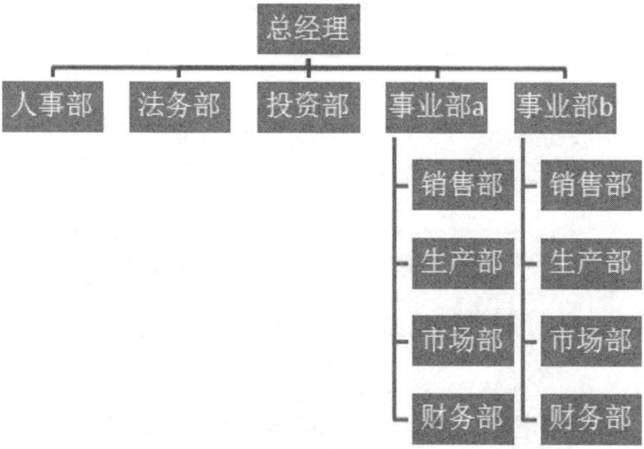

⑤矩阵结构：脱胎项目管理，双线汇报

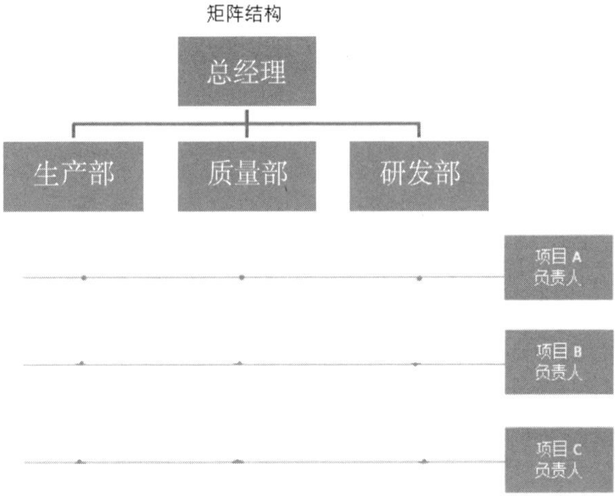

[注]员工既向所在职能部门的直线上级汇报，也向所在的项目组的项目负责人汇报。

⑥多维立体组织结构：事业部制+矩阵(跨国大企业采用)

细分类型包括：U型、M型、矩阵型、多维和超级事业部制、H型、模拟分权制

⑦虚拟组织结构：只有核心机构，其他都通过外部协作。这类组织可以最大化利用社会资源，快速壮大(多见于创业、创新型企业)

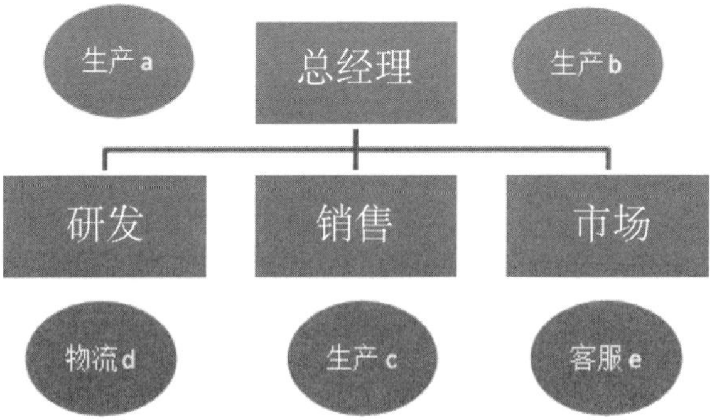

[注]企业不需要生产、物流和客服等职能部门。相关业务全部外包给予之合作的其他企业。

感兴趣的读者可以进一步查阅资料，来了解以上结构的优缺点。在求职时，需要初步判断目标企业的组织结构属于哪种类型，或者是哪些类型的混合体。基于此，则可以大致判断企业的管理文化，并推测企业的管理水平。随后，求职者可以衡量应聘的部门在组织中的地位、层级，并预估职位是否有虚实、多重的汇报线关系，自身未来的发展空间大小等。

企业越大，组织结构越复杂。但目前的趋势是扁平化、多元化、虚拟网络化。

(3) 业务板块

大集团/大企业会由多个子集团/子企业组成，分别负责不同的业务板块。每个集团/子企业下面还会有不同的业务单元和产品线。因为这些业务单元的发展阶段、盈利水平甚至文化都是不同的，所以求职者在应聘大企业的时候，一定要明确自己应聘的岗位在企业中的具体位置：是隶属于母集团/母企业总部层面呢？还是隶属于子集团/子企业总部层面？或是隶属于前述机构下面的事业部层面？举例：

GE集团旗下有八大集团：医疗、航空、发电和水处理、石油天然气、能源管理、照明、运输和金融。

3M中国有八大事业部(BU)：显示及标识、电子电力以及通讯、医疗保健、安保及防护、交通运输、工业制造业、办公用品和家庭及休闲。

对于上述两家企业，如果求职者不事先询问清楚，盲目应聘，其结果可想而知。

(4) 财务状况

最后必须提到企业的财务状况。这虽然非常重要，但是很难被真实了解到。别说企业内部的员工，就算是企业的股东也可能会因为假账被蒙在鼓里。作为外人的求职者，可以做的是查阅上市企业的财报，从亲朋好友处了解其作为内部员工，对企业的运营状况的观感。其中，最直接的就是根据薪酬福利水平(如当年的年终奖、年会与往年的水平比较）来做判断。

a. 财务报表哪里查?

- 中国内地上市企业

  上海证券交易所 (http://www.sse.com.cn)

  深圳证券交易所 (http://www.szse.cn)
- 中国香港上市企业 (http://www.hkexnews.hk)
- 美国上市企业 (http://www.sec.gov)
- 新加坡上市企业 (http://www.sgx.com)
- 加拿大上市企业 (http://www.tmx.com/en/index.html)
- 英国上市企业 (http://www.londonstockexchange.com/home/homepage.htm)

直接去上市企业的官网，正规的上市企业都会有一个叫“投资者关系”(investor relationship) 的板块，里面会有年报 (annual report) 之类的文档。

b. 财务报表怎么读?

读懂三张表：资产负债表，利润表，现金流量表。这里就不具体展开说明了。

18. 从哪些渠道了解一家企业的规模、文化、业务状况?

作者归纳了如下四个渠道。

(1) 网络渠道

通过浏览一家企业的官网、官方微博、各类相关论坛以及使用关键词搜索等，求职者通常可以了解：

a. 官网，官微、官方公众号：

- 企业历史
- 企业规模（人员，办事机构）
- 企业业务板块
- 企业荣誉
- 企业活动
- 企业价值观、愿景 *
- 企业招聘 *

● 企业财报（上市企业）*

● 企业组织结构 *

● 企业管理层员工信息 *

[注]* 指非每家企业都会在网上公布的信息。

小贴士：

如果一家外资企业没有自己的中文官网，可以搜寻其英文官网。

如果一家中国企业没有自己的官网，可以通过搜索引擎（百度，谷粉搜索）搜索这家企业在一些行业网站上发布的公司介绍，或者招聘网站上发布的招聘信息所含的公司介绍。通常是可以查到公司规模、经营类别、产品服务、甚至地址、电话。

b. 论坛

无论是行业论坛还是八卦论坛（如天涯）都可能包括以下信息：

● 企业的业务状况

● 企业的薪酬福利（工作强度、加班频率等）

● 企业文化（企业政治环境）

● 企业的各种八卦

小贴士：

求职者对论坛上的信息需要持谨慎的态度，毕竟此类信息都有主观臆断甚至以讹传讹的可能。

c. 搜索引擎和百科

首先，求职者可以用搜索引擎的关键词搜索功能来查询自己特别感兴趣的人。若是有多个关键词，可以利用高级搜索功能。

例如：正如前文所述，一个企业的文化包括了团队文化，而团队文化往往是领导风格主导的文化。所以当求职者需要应聘一家企业的公关部门时，必然需要知道公关部门的负责人是谁、有什么风格。有时，通过搜索引擎在官网上可能就能搜索到名字，若没有则可以去谷粉搜搜（有条件的用谷歌搜索）、百度搜索、搜狗搜索等去搜索关键词：xx 公司公关总监 / 公关经理，搜索到名字后，就可以利用名字进一步搜索此人的相关信息。

随后，求职者还可以利用维基百科、百度百科、搜狗问答、知乎等查询专业术语。

例如：求职者需要应聘一家光伏企业，在浏览官网后发现其产品线中涉及诸多专业术语，此时就可以利用百科查询去学习理解这些术语。

小贴士：

只要利用得当，相信搜索引擎、百科等工具都会让求职者挖掘出很多有用的信息。

不过，如果网上没有任何信息或无法确保信息的真实可靠，那么就需要利用其他渠道了。

(2) 熟人渠道

询问熟人是求职者自然会想到的方法。但何谓熟人？作者认为在求职跳槽方面，熟人的定义不是仅指闺蜜、铁杆，而是指任何你认识的并且和你保持着联系的人，即父母、亲戚、邻居、同学、同事、前同事和朋友（因工作、娱乐、公益等任何形式的社交活动结交的人）等。

询问熟人可以分两步走：

a. 筛选值得深入询问的目标对象

● 你知道这家企业吗？

● 你身边有人知道这家企业吗？我可以找他简单了解下，问几个问题吗？

● 你在这家企业工作/工作过吗？

● 你身边有人在这家企业工作/工作过吗？我可以找他简单了解下，问几个问题吗？

[注]目标即在该公司工作或工作过的人。若实在找不到此类可以直接询问的人，就寻找面试过该公司的人，或和该公司打过交道的人。

b. 询问具体问题

公司层面：

● 这家企业/这个事业部/这个业务板块近年来的业务状况如何？是新业务吗？

● 这家企业/这个部门的文化如何？人的风格怎么样？员工关系融洽吗？

● 这家企业XX办事处的人有多少？

● 这家企业的工厂/研发基地在XX城市哪里？有班车吗？

● 这家企业的福利如何？（包括年假、带薪病假、补充公积金、商业医疗保险、旅游、福利费等）

● 和行业水平相比，这家公司整体薪资水平如何？

● 这家公司的培训如何，有海外培训机会吗？

[注]关于求职者所关心的职位层面的问题会在后面一章再做详细阐述，此处略过。

在此特别说明：如果求职者接到招聘电话后，发现不仅网络上查不到该企业任何有效的信息，而且熟人里也没有知道该企业的，那么必须警惕其是否为骗子公司。

(3) 猎头渠道

猎头：意为物色人才的人，以帮助优秀的企业找到需要的人才为目标，具体工作又被称为“高级人才寻访”，包括发现、追踪、评价、甄选和提供高级人才等行为。

如果求职者对猎头没有概念，那恐怕会误以为其就是如保姆介绍所一般的人才中介公司。其实，两者有本质的区别。猎头公司不向求职者个人收费，而是向招聘企业收费。

基于此，当有猎头联系求职者，并向其推荐职位的时候，求职者大可以向猎头详细询问该企业的情况。专业的猎头顾问一定会对自己的客户（企业）有深入的了解和认知。如果猎头提供的信息还不足以让求职者满意，那么求职者可以采取的进一步行动包括：

①让猎头去打听；

②通过自己的人脉（熟人）渠道去打听。

读者中可能会有人问：难道猎头不可以归入熟人渠道吗？

有时，猎头确实可以归为熟人渠道。例如，一个求职者通过一个职位的合作认识了一个猎头，之后两人成为朋友，这个有猎头职业的人自然是求职者的熟人。不过，因为其职业的特殊性，所以还是把猎头从熟人类别里单独挑了出来。作为朋友的猎头，其提供的信息的专业性、正确性甚至给出的职场求职和跳槽的建议往往会优于其他熟人。毕竟，猎头在自己的专业领域不但见多识广，而且会对所熟悉的公司内部人事情况如数家珍。

关于猎头，还需要注意：一旦其在某个职位的合作中处于销售这个位置，那么其提供的信息难免会有所失真、避重就轻。

(4) 面试官渠道

求职者通常都会认为去应聘一家企业，自己是被“拷问”的对象，需要做好的只是应对各类问题的准备。其实在面试环节之前，如电话通知面试安排的时候，求职者就可以提问。若是根据所了解的信息觉得企业不错、机会合适，那就去面试，否则就可以选择不去，以免浪费双方的时间。

而在面试环节，求职者也可以“拷问”面试官。一些企业的面试环节中甚至会直接问求职者：“你有什么问题想问我们的？”此时，求职者可以询问哪些问题呢？作者归结公司层面的问题如下：

● 贵公司的组织结构是如何的？您能概要地说一说吗？

● 贵公司这块业务是什么时候成立的？（针对新业务）

● 贵公司这块业务的近期规划是如何的？（询问业务负责人）

● 贵公司的价值观、愿景是什么？（官网没有信息）

● 您是怎么理解贵公司的价值观、愿景？（用于询问公司高层管理者）

● 您能用几个词语形容下贵公司的企业文化吗？

● 贵公司的培训体系是如何的？有没有海外培训的机会？（用于询问人事）

● 听说贵公司的福利优渥，冒昧问一下：除了一般企业有的常规福利外，贵公司还有哪些福利？（在面试气氛融洽并且确知福利优渥的前提下，可以询问人事）

[注]关于求职者所关心的职位层面和薪资谈判的问题，同前述一样，会在后面一章再做详细阐述，此处略过。

本章小结：

用于评价求职者对应聘企业预期的四个要素通常包括：企业的规模、文化、组织结构和业务状况。求职者可以通过网络、熟人、猎头和面试官渠道收集信息。

需要做判断时，求职者务必谨记：兼听则明，偏听则暗；数据要读，人言要听。好比找对象，听了介绍人的介绍，看过照片，询问过个人基本情况后，觉得初步符合心中预期，就需要把人约出来，当面面聊，亲自判断。

第六章 人品优不优——职位选择

19．做什么职位？

职位是指企业的某个员工需要完成的一个或一组任务。

[注] 岗位是职位的泛称。

在很多求职者的概念里，只有人事、行政、法务、销售、市场、IT、生产、质量等一个个具体的职位，但通常不知道自己适合做什么职位，更不用说职位该怎么分类了。如果读者想要对职位的分类有个系统的认识，作者建议可以去上各大主流招聘类网站查看。查看后读者就会发现，一方面，目前现存的职位总数难以计数，有些是我们普通人闻所未闻的；另一方面，职位分类方法也有很多，可谓众说纷纭。

那么，究竟如何决定做什么职位呢？作者认为《你的降落伞是什么颜色》中谈到的变通技能可以用来帮助求职者，即求职者可以通过分析自己拥有的变通技能来寻找合适的职位。作者认为，以变通技能来分类职位是可行的，因为其分类明确，评判标准清晰，容易让人理解并加以运用。在此就单独介绍一下变通技能供求职者参考。

根据作用的对象，变通技能被划分为对数据（信息）、对人、对物三类技能。每类技能从简单到复杂有不同的层次，如下图所示：

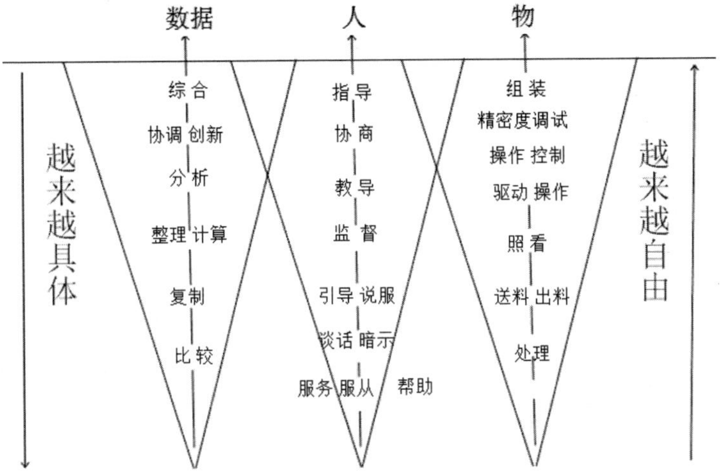

（来源：《你的降落伞是什么颜色》）

求职者可以通过一个职位所需要的变通技能来判断这个职位是属于处理数据、处理人还是处理物的职位。即使一个职位需要同时用多种技能，其中每类的占比通常是不同的，每类技能需要掌握的层次通常也是不同的。

思考题：他们适合做什么？

三个求职者的情况：

①小黄大专毕业后，去了一家汽车 4s 店做维修工，因为技术过硬而被提拔为维修主管。他觉得在 4s 店工作只能和出了故障的车辆打交道，视野比较窄，他喜欢开车，要是有个工作能够让他学到更系统的知识、有更多的时间去做些技术分析就好了。

②小兰在一家公司做文员。她觉得工作太清闲，后来主动转岗到客服部做客服，又觉得每日接受投诉电话让人容易心情沮丧。大学里她学的是会计，但自己并不喜欢整天和数字打交道。她想转型又不知道自己可以做什么。平日里的爱好也就是种种花，一名典型宅女。

③小红在一家公司做销售计划，她发现自己更喜欢和人打交道，而不是整天和数字打交道。但是她不想做销售代表，觉得有指标的工作压力太大，不适合自己。

三种职位的技能需求：

①招聘专员。这个职位中，需要处理人的技能占比是最高的，其次是处理数据的技能，最次是处理物的技能。招聘显而易见是与人打交道的工作，过程中需要做一些薪酬计算、比较，同时需要运用打印机打印简历等。但较之处理人需要的技能层次，处理数据和物的技能层次显然要略低一些。

②整车道路测试工程师。这个职位中，需要处理数据的技能是占比最高的，其次是处理物的技能，最次是处理人的技能。因为对于测试所需得出的结果，是需要做大量数据分析的；其次需要这个人有“对物的技能”（即会开车），但是修车经验并不是必备的（虽然很多测试人员也是不错的检修人员）；最后这类职位才需要和人打交道的技能，处理一些安排、协调方面的沟通事务。

③花店店长。这个职位中，需要处理物、人、数据三类技能，而且三者的占比差异不大（对人和物会略高一点）。关于处理“物”的专业技能，包括对花卉的修剪、包装以及店铺的花卉布局；对于顾客即“人”的处理技能，则和一般的营销、客服类人员所需技能的水平差异不大；最后需要的是处理“数据”的技能：店长需要统计当日的营收，确认是否需要补货。因为花店产生的数据远少于大卖场，所以需要的此类技能水平也会较低。

答案：

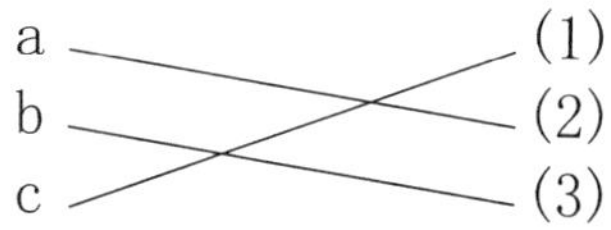

由此可见，虽然一个基础职位往往会综合三种变通技能，但并不意味着这些职位没有区别、不需要分类。求职者与其纠结于职位分类，不如从三种变通技能的角度“解剖”职位，与自身技能比较后，真正评断自己适合的职位是什么，什么样的职位才能发挥自身技能的优势。

20. 谋什么职务?

如果说做什么职位、能做多少种职位更多地取决于求职者所具备的技能的广度，那么谋什么职务则更多地取决于求职者所具备的技能的深度。结合问题 19 中的例子来看，同样是招聘类职位，对招聘经理和对招聘专员的要求会很不同。所谓“不同”，就是在每类变通技能维度中具体达到的层次不同。较之招聘专员，招聘经理更需要具备内部跨部门的协作能力、对用人部门的影响力、对高端职位招聘的能力，以及对自己团队的人员管理能力等。

俗话说：“人往高处走，水往低处流。”求职者跳槽固然是希望自己的职务即职位头衔能够向上晋升，像《杜拉拉升职记》里的主人公一般平步青云，但是求职者更需要注意的是：自己适合的究竟是管理路线还是技术路线。一般来讲，更喜欢与人打交道的人适合走管理路线，更喜欢与数据、与物打交道的人适合走技术路线。求职者对技术路线主要有两类误解：一类是以为走技术路线就只能做技术类岗位；另一类是以为走技术路线就不能做管理。不管是哪类误解，往往都会认为走技术路线的话，个人的晋升机会会更少、发展空间会更小。其实不然，请看下图说明：

管理路线和技术路线下的职务

职位	管理路线	技术路线
人力资源——招聘	主管→经理→培训经理→人力资源业务伙伴高级经理*→总监	主管→咨询公司的顾问→资深顾问→专家
研发——整车道路测试	工程师→资深工程师→项目经理→资深项目经理→项目总监 或： 工程师→资深工程师→道路测试组主管→整车测试部经理→整车部门总监	工程师→资深整车测试工程师→整车测试高级工程师→整车测试总工程师*

续表

管理路线和技术路线下的职务		
职位	**管理路线**	**技术路线**
质量——质量控制	专员→质量主管→质量经理→质量总监	专员→六西格玛绿带→六西格玛黑带→咨询公司的六西格玛培训师→高级培训师→培训专家
生产——车间主任	主任→生产主管→生产经理→运营总监	主任→生产主管→精益生产师
销售——销售代表	代表→区域主管→大区经理→全国总监	代表→资深代表→销售培训→培训机构培训师
企业战略——市场情报分析员	分析员→资深分析员→市场部调研主管→市场部调研经理	分析员→战略分析员→战略分析师→企业管理咨询顾问

[注]1. 很多公司会为总工程师配置有行政关系的下属。即使不配置下属，也会让其拥有对于项目成员的管理权。

2. 人力资源业务伙伴（HR Business Partner）：是人力资源部里面特殊的一支团队或个人，具体负责：a. 与业务部门保持紧密联系；b. 关注业务部门的战略动向；c. 从人力资源的专业角度为业务部门提供建议，帮助业务部门达成最终战略目标。

绝大部分企业中的岗位都有这两条路线供选择。而且求职者可以根据自身情况的变化，及时调整自己的预期和规划，选择适合自己的路线，甚至走一条复合式的路线。其中可能涉及的转型问题将在后面一章中详细阐述。

在同一职能部门中，求职者一旦具备了胜任多种职位的专业技能，就具备了走向管理岗位的基础。但是，如果想要在管理路线上获得成功，那么求职者还必须具备对人的管理技能。有些情况下，即使专业技能单一或平平，一个管理技能强的求职者仍然可能在管理路线上获得成功，成为一个好的管理者。不过，若是从初级管理者往中高级管理者发展，作者建议求职者还是应该尽可能完善自己的专业技能，最好达到“一专多强”。举例来说，当一个招聘专员走向招聘经理时，只需要具备招聘的专业技能；但是如果她要走向人事总监，就应该在人力资源六大模块（规划、绩效、薪酬、招聘、培训以及员工关系）中其他两到三个模块中具备技能。

当求职者具备了多种技能，但发现自己并不擅长或喜欢与人打交道时，其可以专注于技术路线的发展。不过，因为如今的企业中，所有职位都需要和人打交道的技能，区别只是使用这类技能频率和水平的要求不同，所以作者建议求职者：**即使想走技术路线成为某一领域的专家，也需要注意培养和提升自己与人打交道的能力**。特别对于希望往中高级技术专家发展的求职者，要明白一旦做到总工程师这类岗位，即使不需要直接带有行政关系的下属，也必定需要在项目中管理来自多个部门的项目组成员。

事实上，各类出任 CXO 的高层管理者往往扮演过不止一个职能部门负责人的角色。正是因为积累了高阶且多样化的技能，他们才能跻身于职场高位。

而跻身职场高位只是第一步，真正决定一个人是否能成为优秀的管理者，并不是其所拥有的知识、技能以及经验的多寡，而是指导其做出各种决策的思想。关于如何做管理、做管理者，感兴趣的读者不妨读读《管理的实践》。

总之，管理路线和技术路线是相对而言的，彼此的界限正日益模糊。对求职者而言，唯一的真理就是要认清自己的所长和所短，最长板要加固，最短板要加长。

21. 如何判断一个职位是否适合自己？

求职者通过三个维度的变通技能和两条路线的分析，回答完了做什么职位和谋什么职务的问题以后，其实已经完成了对于一个职位是否适合自己的自我评估。接下来，作者认为还需要通过熟人、猎头和面试官等渠道进一步完善评估。

(1) 熟人评估

是指求职者请求对其非常了解的熟人（如父母、配偶、发小等）

对自己做评估。评估方法主要是让熟人分析求职者的个性特点、能力特长和短处，看看与求职者的自我认识有哪些异同，从而帮助求职者挖掘出自身没有意识到的特点，并判断对于自身能力是否存在高估或低估。此外，求职者也可以将获得的职位信息和熟人分享，让他们帮助评估自己和职位的匹配度。

(2) 猎头评估

指请求提供职位的猎头对求职者是否合适该职位做出评估。在和猎头的沟通（最好以面谈的方式进行）中，求职者要注意坦诚交流，不但坦言自己的所长所短，而且要坦言自己对职位的理解、看法。当然，这么做的前提是求职者对自己与该职位的匹配度没有把握。若是求职者明确知道自己和职位是匹配的，或者自己非常想争取这一个职位，那么交流中自然是要扬长避短，注重展现匹配的一面。

(3) 面试官评估

若求职者有幸参加招聘企业的面试，不管其在哪一轮面试失利，都要尽可能地询问出失利的原因。原因虽然未必皆真实可靠并具有参考价值，但或多或少可以供求职者找到进一步认清自己优劣势的线索，从而完善对自我的判断。尤其当求职者三番五次被不同企业以类似的理由拒绝时，求职者必须要引起重视。拒绝原因其实就两类：

a. 非职位本身所需的技能问题	b. 职位本身所需的技能问题
不符合公司文化	没有团队管理经验
和团队风格不符	没有项目负责人经验
动机不强	外语口语水平不佳
稳定性不好	PPT 能力不强
薪水太高，期望太高	逻辑思路不清晰……

虽然从广义的角度看，两类问题都意味着求职者和职位没缘分，但是从狭义的角度看，b 类问题才真正说明求职者与职位本身不匹配。所以作者认为，求职者需要且能够解决的还是 b 类问题。至于 a 类问题，因为更多的是看彼此的眼缘，所以没有必要为了应聘一个职位而刻意改变自身的风格、特点等。

本章小结：

求职者务必要清楚自己对数据、对人、对物的三个维度的变通能力，以及自己适合走管理路线还是技术路线。对于一个职位是否适合的判断既不要过分相信自己，也不要过分依赖他人。不管是通过内部跳槽还是外部跳槽的方式，求职者都要尽力让自己的技能略胜一筹，唯有这样才能获得内外部的晋升机会。同理可用于找对象，既要在寻找的过程中不断完善自己，同时也要清楚能够和自己匹配的另一半是什么样。当然，即使双方条件都匹配，最终还是要看眼缘。

第七章
要不要换口味——转型式跳槽

22. 转型的分类有哪些?

普通的跳槽虽然换了一家公司，但还是在做同样的行业、同样的职能，甚至换的公司和原公司具有同样或接近的企业性质(国企、民企)、企业文化(如欧美、日韩)。与之不同，转型式跳槽带来的变化要大得多。

“我不想做快消了，我想换个行业做做。”

“我不想做技术了，不知道内部能不能转去销售部门?”

“我准备从公关公司跳去客户方，正好有个客户缺公关经理。”

以上都属于转型式跳槽。转型式跳槽包括行业转型、职能转型和甲乙方转型。

通过常规渠道，一次跳槽一般只能实现一种转型。因为对于企业方而言，雇佣非应届生的职位本意就是要挑选熟手，找得到匹配度高的人才，就不会冒险尝试匹配度低的人才。当然，对于特别优秀的人才或者特别不拘一格的企业，还是存在通过一次跳槽就实现三种转型的可能性的。在上述三种转型中，行业和职能的转型比较好理解。下面单独说明一下甲乙方转型:

所谓甲方，是指在合同中提出目标方;而乙方，是指在合同中接受目标方。职场上所称的乙方，即乙方公司是指给甲方公司提供服务的中介公司 (agency)，如市场调研公司、管理 / 培训 / 人事 / 技术咨询公司、广告公司、公关公司、活动公司及会展公司等。甲方公司则是提出如前述的各领域的需求的公司，其自身则在特定领域里生产产品或提供服务。甲乙方转型就是指在这两类性质的公司之间跳槽。作者在以下的表格中比较了通常情况下的转型成功概率：

转型成功概率分类比较			
行业转型	相关行业（如上下游行业）	>	不相关行业（如工业和娱乐业）
	转入新兴行业（如互联网）	>	转入传统行业（如制造业）
	通用职能（如财务、人事、法务）	>	非通用职能（如研发）
职能转型	相关职能（如市场活动和公关活动）	>	不相关职能（如销售和仓储）
	同企业内不同职能	>	不同企业间不同职能
甲乙方转型	甲方去乙方	>	乙方去甲方
	甲方去乙方的职位和薪酬（升职加薪）	>	乙方去甲方的职位和薪酬（降职减薪）

那么从日韩企业去欧美企业，算不算转型？从中国的民企去外企或想从外企去中国的民企，算不算转型？（很多文章说的民企其实就是特指中国民企，所以为了避免歧义，特别写明。）

大而化之地说，外企之间的共通性更多一些，而外企和中国民企之间的差异性更多一些。因而外企和民企之间互跳，的确是需要慎重考虑的，其风险和挑战都是较大的。为此，作者查了一些资料，在此推荐一篇名为《别了，跨国公司！我们要到民营企业干事业去！》的文章。此文虽然讲的是外企高管往民企跳槽，但其指出的两者的差异性以及如何应对风险、挑战还是很有启发和借鉴作用的。感兴趣的读者不妨上网查看一下。

不过作者认为，若不涉及行业、职能的变化，跳槽者需要面对的都只是企业文化的适应性问题（关于企业文化，可以详见第五章问题

16的阐述)。虽然不同的文化确实会带来管理制度、做事理念和行为方式等的不同，甚至不同国别的外企之间、不同地域起家的民企之间还会有很大差异，即使有读者觉得这样的跳槽就是转型也未尝不可，但是求职者并不需要纠结在算不算转型这个问题上，而是需要确定：做出某个选择后，可能遭遇的困境及可行的应对方案。

总之，普通的跳槽算1.0版本的话，转型式跳槽就得算2.0版本。想要尝试转型式跳槽，不管选择哪种转型或想要实现多大程度的转型，都务必三思而后行。

23. 什么人适合尝试转型？

转型式跳槽并非人人都有意愿尝试，但有意愿尝试的人就应该去尝试吗？很多事情并非要用亲身经历去试错，而应该先去判断是否值得。好比很多人相亲的目的是为了结婚，但理智的人不会为了结而结，因为盲目结婚的后果往往是以离婚收场，代价是不小的。跳槽也一样，不但耗费时间、精力，还可能因为失败的结果而带来精神上的挫败感乃至生计压力。那么，究竟什么人适合尝试转型呢？撇开外在因素，就人本身的特点来说，作者的经验总结是**不怕失败、不怕改变、保持有好奇心和求知欲的人才适合转型**。

害怕失败的人的心理状态往往是不容许自己失败。这类人通常没有经历过失败，即使经历了也没有真正承受过失败带来的挫败感。在理智的情况下，他们是不会去挑战会失败的“项目”的，有种“宁当鸡头，不当凤尾”的心态。在非理智的情况下，这类人如果冒险尝试转型，那么不管是未能成功拿到转型机会，还是拿到转型机会后未能成功适应，都会 感叹“理想是丰满的，现实是骨感的”。

转型本身就是一种改变。一个害怕改变的人又怎么可能适合去尝试呢？害怕变化包括了害怕环境的变化、人际的变化等所有熟悉的事物变成陌生事物的变化。而要转型，这些变化都是不可避免的。

只有不怕失败、不怕改变的人才会拥抱挑战，积极主动地去适应新环境、磨合新人际、学习新知识、尝试新事物。这样的人去“玩”一下转型式跳槽，不但不会“玩出人命”，而且还会在新的挑战与变化中继续保持好奇心和求知欲。

所以，如果一个人扪心自问，自己从小到大都是抗拒变化、害怕失败的人，那么在没有做好必要的心理建设、改变自我意识以前，盲目去尝试转型是不妥的。当然，现实中有的人确实迫于无奈选择了转型式跳槽，那就尽量向不怕失败、不怕改变、保持有好奇心及求知欲的人们学习吧！

24. 转型需要考虑哪些因素？

(1) 首先是个人因素。除了问题 23 所说的个人特质是否合适外，更重要的是一个人是否萌生了想转型的念头。念头也就是动机，动机可以是单一的，也可以是多样的。作者总结了一些常见的动机供参考：

- 本行业夕阳西下，前景堪忧；
- 目前 XX(互联网) 行业很热门；
- 多年的 XX(销售) 做得我筋疲力尽，真想换个别的做做；
- 听说 XX(读个海外的 MBA) 就可以 XX(进管理咨询公司)，收入要比我现在高得多；
- 我在甲方做总监已经做到玻璃天花板了，跳槽去其他甲方也是差不多的情况，不如去乙方做做，可以做个总经理；
- 我一直在乙方工作，如果去甲方工作可以弥补我经验的缺陷；
- 目前的工作我已经驾轻就熟，毫无挑战；不知道我还能做什么，能不能转型去做做 XX；
- 如果内部转型去做 XX，我就更有机会往上升职；
- 我感觉自己不适合和数据打交道，老板总是嫌我出错，要不我转去做做别的，别的不需要太细心的工作；
- 几份工作下来，我感觉自己还是没找到最适合的工作，我应该再换个职能做做；
- 这份工作加班太多了，不过做 XX 的加班都多的，要不我换个 YY 做做；

……

上述的动机正确与否不能一概而论，必须具体问题具体分析。有一个简单的判断原则：但凡以逃避目前的职场困境、职场倦怠期为目标的动机都是错误的，甚至可以说是可笑的。多少人根本没有去调查转型过程中可能产生的种种麻烦，只是由于幻想通过转型来解决一切问题而盲目跳槽。这种消极应对的态度注定其不管到哪里都不会产生积极的行动。即使跳槽者在一时脑热的行动以后，又凭运气得到了机会，最终的结果也还是会差强人意。反之，以突破目前的职场困境、职场倦怠期为目标的动机是值得鼓励的。只有当求职者经过深思熟虑后，作出了转型式跳槽比普通跳槽更值得尝试的判断，其才会具体着手做准备。这种积极应对的态度注定了：即使谋求转型的最终结果不够理想，其在过程中也不会一无所获。

总之，作者希望大家是从正确的动机出发去思考并行动。

(2) 其次是家庭因素。孟子曰：天时不如地利，地利不如人和。和结婚不是两个人的事而是两个家庭的事一样，转型式跳槽也不是一个人自己的选择，而是一个家庭的选择。生活包括物质生活和精神生活，家庭因素自然就包括经济因素和精神因素。分析如下：

经济因素

经济负担轻

- 较适合尝试转型，不管收入是更高还是更低，以自我喜好为优先目的

经济负担重

- 不宜尝试转型，若要转型，以选择收入更高为优先目的

精神因素

家庭事务所需时间（目前条件许可）

- 转型以选择挑战更少或工作占用时间更少为优先目的

家庭事务所需时间（目前条件许可）

- 转型以选择挑战更大、更能提升自我价值感为优先目的

[注]家庭生活包括子女教育、父母赡养、配偶相处等家庭事务。

(3) 最后是环境因素

环境因素列在最后不是其不重要，而只是一个从微观到宏观的排序。环境因素包括整体的宏观经济走势（国内外），各行业的目前状况和发展趋势以及前沿领域、技术。关注和分析环境因素才能确认自己

想转型、想跳槽的大前提不出现重大失误。

实际上不管跳槽是否涉及转型，都需要考虑个人、家庭以及环境因素。只不过因为转型的风险更高，成功难度更大，所以更需要求职者慎之又慎，考虑各方面因素后再作决定。

25. 想要转型的人需要做哪些准备？

(1) 精神准备

精神准备包括自身的和家庭成员的精神准备。精神准备主要指思想、意识、心理、情感的准备。前述问题 23、24 讨论的内容都是围绕着精神准备的。只有当一个人同时具备了正确的转型动机、做好了可能会失败的心理准备、必然会遭遇改变的思想准备，需要快速大量学习的意识准备和家人的情感支持时，才能认为其精神准备是充足的。

(2) 知识准备

知识准备包括了知识和技能的准备。如果一个人对于转型的行业特点、职能所需要的技能以及甲乙方的不同特性，都做了必要的了解和学习，那么其知识准备是充分的。作者建议最好是制订计划后再行动。因为谋定而后动可以预留一定的准备时间，在此期间，提高知识和技能的可能性更大，效率也更高。

(3) 信息准备

知识准备是指通过学习来提升自我，而信息准备则是指收集和分析职位机会的信息。比如，当一个人决定跳出目前的行业，但又不知道哪个行业较为适合自己，或者同时对几个行业都有兴趣时，那么其势必要先收集这些行业的信息、业内主流公司的信息、自己擅长领域的招聘信息等。通过收集、整理、分析这些信息，其可以进一步确定方向，以便做进一步的准备。（关于行业、公司、职位选择的话题，可以参见前面第三、五、六章的内容。）又比如一个人想转型做会计，发现这个职业所需要的证书分为会计上岗证和注册会计师两种。因为持有不同证书的求职者目标的工作难度不一样，所以其求职面也很不相同。求职者需要根据实际情况去思考自己需要的证书类别，并作相应的准备。

虽说精神准备是前提，但在做知识准备和信息准备的过程中，仍可以回过头来夯实精神准备；而知识和信息准备则因为会相互作用，倒是可以同步进行。总之，信息收集越准确，知识准备越充分，精神准备越充足，最后转型成功的概率就越大。不过，还是建议大家始终抱着“尽人事，听天命”（选自李汝珍《镜花缘》）的平和心态，不要有过大的负担。

人人皆知跳槽有风险。转型式跳槽是跳槽的一种，不仅难以例外，而且往往意味着更大的风险。在以下26~29的问题中，作者将围绕“风险”探讨内部转型和外部转型时的注意事项。

26. 内部转型和外部转型的风险分别是什么？

不管是内部转型还是外部转型，都可能面对职位与预期不符的风险，可能是与公司此前承诺的不符，也可能是与个人以为的不符。这种不符具体又会表现在工作内容、人际关系和公司情况等三方面，如下表所示：

内部转型和外部转型的风险共同点
（1）工作内容：
a. 职责范围偏大、偏小 b. 职责难度偏高、偏低 c. 工作强度偏大、偏小
（2）人际关系：
a. 汇报线相处不融洽 b. 同事相处不融洽 c. 其他部门合作不给力
（3）公司情况：
a. 组织机构发生重大变化导致汇报线关系、部门设置、职位设定都发生非希望的改变 b. 工作地点发生变化导致路程太远或无法接受去异地工作

而两种转型的不同点在于：内部转型可能发生“转不成”的尴尬，外部转型则可能发生“行业不适应”的窘迫，见下表：

内部转型和外部转型的风险不同点	
内部	外部
转不成	行业不适应
a. 现部门不同意转去其他部门 b. 现部门同意转去其他部门，但该部门 / 整个公司招聘的人头冻结或其他意外因素导致该部门无法正常录用	a. 做事理念、方式等较之之前行业的差异导致的不适应 b. 流程体系较之之前行业显得较不完善或完善导致的不适应 c. 甲乙方转换中，政治环境的鲜明差异导致的不适应

[注] 因为不管转型式跳槽还是普通跳槽，都会遇到公司层面的规章制度、流程体系的差异性所造成的风险，所以只能作为共性风险，不能作为转型式跳槽的特性风险。

27. 内部转型的风险事先如何评估?

(1) 转不成的情况

第一步：确认是否有转型成功的先例。

①都成功型：风险性较小，可放宽心。

②成功、失败皆有型：风险性较大，需要尽可能想办法了解之前失败案例的原因，随后分析与目前自己的情况是否雷同，再做判断。只要有成功案例，就说明未必不可行。

③都失败型：风险性极大，除非确认"时过境迁"(即公司的领导层、组织机构等变化很大)，否则基本不用抱能转型成功的希望。

第二步：了解、分析目前情况。

①本部门：

i. 部门目前人手是否紧缺、自己是否是部门做事的核心人员、是否是项目的核心人员、项目是否重大、是否还未到关键节点。

ii. 部门的管理风格如何？从部门最大的老板到直线经理对转型的一贯评论、态度和做法，除了确认自己的认知外，最好能够取得前部门同事的信息(不管其是跳槽去了别的公司，还是别的部门)，包括他们离开时是否受到过阻力，阻力来源在哪，他们有什么建议等。

②要加入的部门：

i. 该部门与自己部门的关系如何？

ii. 该部门在公司中的话语权如何？部门领导是否强势？

以上都可以根据同事或前同事所提供的信息以及自己接触下来的感受判断。

(2) 工作内容和人际关系

第一步：接触想要加入的部门机会前，先打探该部门情况。

如部门领导的风格、内部人际关系状况、职位为何产生、内部为何没有合适人选等。只要是你认为有必要了解清楚的信息，都应该尽力通过个人人脉先做非正式打听。

第二步：面试时，进一步核实部门情况。

此时，除了直接了解、核实第一步里提到的问题以外，还需要询问职位的具体信息，如工作职责、KPI 等。

(3) 公司

这类风险很难事先评估。因为作为内部机会，大多数非高层管理者的求职者，即使觉察到一些征兆，也很难判断虚实真假，以及确认何时会发生。

总之，预估风险是很困难的事情，尽可能全方位地了解信息、千万不要管中窥豹、人云亦云，要能独立分析出尽可能正确的信息，才能最大程度地做好风险控制，以期做出真正合适的选择。

28. 外部转型的风险事先如何评估？

外部转型和内部转型的共同风险在问题 26 中已经阐述，不再重复。对于外部转型机会，除非有“内线”情报，否则不可能提前获知公司层面变化的信息。更何况，信息的可靠度也并不是完全能有保障。但是若得知一个公司总体情况不佳，或有较多负面传言时（如地点会搬、高层会换等），建议不要在此时选择转型。因为即使转型成功，也可能会因为干的时间太短，而使得这段经历如同鸡肋。

值得提醒的是：不要忽视对求职公司的人员流动特征的了解。例如，如果有些公司虽然高层变动频繁、组织机构也常调整，但是业务状况、中基层人员的情况总体还是趋于稳定的，那么非高管岗求职者还是可以考虑加入这类公司；而对于另一些公司，虽然其组织机构几乎没有什么变化，高层很稳定，但是如果其中基层人员流动率一直很高，业务状况也算不上良好，那么非管理岗求职者对于其提供的机会需要谨慎考虑。

此外，简单谈一下利用人脉、网络以及测评渠道对外部转型风险做评估的建议。当然读者若觉得有必要，也是完全可以用于评估内部转型的机会。

(1) 人脉渠道

利用此渠道时，千万不要忘记猎头渠道，尤其当机会本身就是由猎头提供，而你又没有其他更可靠的信息源的时候。毕竟，并非人人都能刚巧认识在应聘公司里做过的人员，尤其是在目标部门中相同职位有过从业经历的人。求职者即使通过自身的所有人脉夜以继日地展开搜寻，要联系上这样的人也并非易事。如果寻求的转型机会需要跨行业，那么难度就更大了。

一旦找到了可靠的人脉，通常你可以询问这些问题：

● 该公司在业内的口碑如何？我听说的情况是XXX，据你了解，实际情况是这样的吗？

● 该公司的文化是如何的？

● 公司组织结构大体是如何的？

● 这个部门的老板是什么背景？什么风格？

● 这个职位的直线经理是什么背景？什么风格？

● 为什么这个职位会产生？

● 为什么他们（公司方）内部没有合适人选？

● 为什么他们（公司方）愿意从外行业/从我在的XX行业找人？

● 为什么他们（公司方）/你愿意觉得我这个职能的人适合转型去做这个职位？

● 他们（公司方）为什么不优先考虑同样是甲方/乙方公司的人呢？

当然，最可靠的人脉是朋友——既了解你，又了解你想去的行业、想做的职能，还能帮助你共同进行分析的朋友。但这是可遇而不可求的。我们所能做的，只能是平日里注意拓展有效人脉，积累一批在各个行业、职能圈里的朋友。

(2) 网络渠道

如果网络搜索技术使用得当，那么结果非常可能会带给你惊喜。具体方法可以参见问题10的阐述。

不管从什么渠道获取信息，都不能盲目采纳。尤其是网络渠道，因为基本上无法做直接验证。虽然通过BBS论坛等具有互动性质的媒体可以与网络那头的人做些交流，但是毕竟真假难辨。

(3) 专业机构测评渠道

读者还可以通过做一些专业机构的测评，来了解自身适合从事的行业有哪些，以避免潜在的外部转型不适应风险。测评机构的报告虽然不一定十分准确，但至少可以帮助你剔除一些特别不适合的行业。

29. 遇到内外部转型的风险，事后如何应对?

正所谓“兵来将挡，水来土掩”，这种情况下我们只需要回答好两个问题就可以了：(1)是否要找新机会？(2)何时找？为此，我们需要：

(1) 把遇到的风险分为四类： 重要紧急、重要不紧急、紧急不重要、不重要不紧急。

(2) 依次解决上述问题。

次序：优先解决重要紧急的问题，其次解决重要不紧急的问题，再次解决紧急不重要的问题，最后解决不紧急不重要的问题。

做完上述两个步骤后，会产生两种情况：

①问题都完美解决了。求职者可以继续安心于目前的工作。短期内无需考虑寻找新机会。

②问题没有都解决掉。求职者需要把不能解决的问题重新按步骤(2)分为四类，并进一步得出找不找机会和何时找的答案。如下图所示：

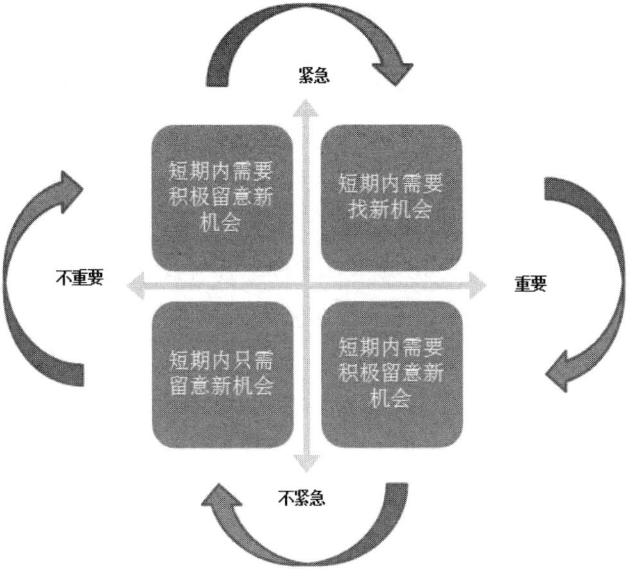

[注]1. 图示的顺时针走向是为了说明四种情况会不断动态变化，但实际顺逆走向皆有。

2. 短期指 0~3 个月。

虽然转型过程中所遇到的问题很多只能被改善，而无法被彻底解决，但是作者仍然倡导应当拿出面对问题的勇气和积极解决问题的态度。如果因为不愿化解矛盾而直接寻找新的机会，那么求职者即使再次跳槽成功，也同样会面对类似的转型问题。因为现实生活中不可能存在完全符合理想的工作机会，所以若没有应对风险的能力，那么一个人找再多的机会也是徒劳的。

本章小结：

“转型有风险，选择需谨慎。”好比相亲，有些人相亲过几回而不成功，就觉得是相亲对象的风格问题，想要换不同风格的。但究竟是相亲对象的风格的确不符其品味，还是别的问题呢？如果没有对症下药，势必结果依旧不会尽如人意。一旦决心尝试转型，就要做好充分的准备。若转型不成功或转型后遇到始料未及的风险，都不要灰心丧气。正所谓“条条大路通罗马”，相信只要勇于面对、敢于选择，不管是跳槽还是找对象，总会找到合适的。

第三篇：
You jump，I jump!
——跳槽进行

英语俚语说得好“Action speaks louder than words.”，如果一个人整天嚷嚷着要相亲，却从来没有去见过一个相亲对象，那么这个人永远也不可能相亲成功。跳槽也一样。

所以第三篇旨在解决跳槽进行阶段的四类实际操作问题：

1. 如何写简历？

2. 如何面试？（包括面试前的问题准备、面试时的问题回答、面试相关的人际关系评估等。）

3. 如何谈薪？

4. 如何离职？

第八章
背景说来听听——跳槽简历

30. 写简历的原则是什么?

A去相亲，见一美女，号称自己有房有车，自由职业，美女开心不已。事后美女却得知，其房是公房，车是自行车，自由职业是摆地摊。美女懊恼A为什么要骗人?

B去相亲，见一美女。美女问其在哪上班，其回答说不固定。美女又问其家在哪，其说开窗便见青山。美女又问平日外出开车吗，其说一般坐车。美女心理琢磨，这男的家在城乡结合部，没有固定工作，出门靠公车，顿时心灰意冷，没坐多久就起身说去洗手间，结果一去不复返。事后有人告知美女，她错失一个富二代，B名下有几家公司，自然上班不固定在哪；自家别墅依山傍水，自然窗外有青山；家里有司机，自然不用自己开车。美女懊恼为什么B不把话说清楚?

C去相亲，见一美女。美女让其说说他自己。其一时激动，从幼儿园记事开始说起，不管是自己的糗事还是囧事，想到什么说什么，连自己暗恋过的女老师也说了。美女几次想打断都被其阻止了。最后美女起身说去洗手间，结果还是一去不复返。美女懊恼怎么C什么都说?

以上虚拟的相亲例子供大家一乐。求职跳槽时，美女就是简历阅读者，大家千万不要犯以上的错误。作者总结了“三不原则”，即不造假，不耍酷，不啰嗦。

【不造假】简历上没有任何虚假的信息。

不管是学历背景、证书文凭还是工作过的企业，做过的职位甚至照片等都不要无中生有，也不要有却说无或过分修饰。

【不耍酷】简历上没有缺失任何必要的信息。

不管是个人基本信息中的联系方式，还是工作经历里具体的工作职责，都不能遗漏。如果只写自己在什么企业做了什么职位，却不写自己的职责、业绩等，那么这份“简历”充其量只能算是个人基本信息表。

【不啰嗦】简历上没有任何多余的信息。

要避免“啰嗦”的通病：教育背景从初中写起、培训经历一个不少、罗列一堆爱好、大段书写空洞无物的自我评价。

总之，简历是有针对性的自我介绍，需要采用规范化、逻辑化的书面表达。针对性是以招聘方的要求为准，而非个人意愿为准。规范化是指简历有其常规的形式和内容。逻辑化是简历的整体和部分、不同部分之间，以及语言叙述等都要具有逻辑性。

31. 写个人基本信息时有哪些注意点?

通常个人基本信息包括：姓名、性别、生日、联系方式、目前居住地 / 目前工作所在地、国籍 / 户籍 & 地区 / 籍贯等项目。正所谓“细节决定成败”，每个项目都有其注意点。

(1) 姓名

建议用双语，若没有取外文的名字就用中文拼音。

举例：中文简历上：王小 (Xiao Wang)， 李大 (Dan Li)

英文简历上：Xiao Wang(王小)， Dan Li(李大)

若投递的企业只需要中文简历，则无须用双语说明；若只需要英文简历，则必须用双语说明，这是因为在国内的外资企业仍然需要知道跳槽者的中文名字。另外，如果求职者想跳槽去欧美企业，那么最好事先取好英文名。

(2) 性别

英语要用“gender”才是专业写法，而非“sex”。

(3) 生日

①出生年月日都要写明。

②以身份证上的生日为准。

[注]因为涉及性别歧视和个人隐私问题，在国外性别和生日通常无需写在简历中。但在国内，这两者却是基本信息部分的必要项目。

(4) 联系方式

①必须写明常用手机和邮箱。

②若平时常用的手机号有两个，比如一个公司手机号＋一个私人手机号，或一个本地号＋一个外地号，那么建议都放入简历。一般主用号在前，备用号在后；或干脆在号码后面注明。

③若本人只有一个手机号，又怕因手机没电或信号等问题而错过面试安排的电话。则可以留一个紧急联系人的手机。(虽然联系不上的情况下，企业方通常会再联系，但作为求职方，大家应避免出现这种情况。)

④务必留私人邮箱，且该邮箱最好能直接体现个人信息(如：dan.li@163.com)。此外，最好将邮箱显示名显示为本名而非昵称(如Dan Li或李大，而非李家大少爷)以显示职场素养。建议大家最好专门注册一个邮箱用于求职等事务。

(5) 目前居住地/目前工作所在地

绝大多数情况下这两者是一致的。若两者不一致，建议择一写明即可。至于如何择一，通常以与求职所在地相同或相近为准。如果必要，可以在面试时再说明另一处地点。

例如：

目前居住地是昆山，目前工作所在地是上海(确切说是嘉定)，那么：若求职地点在昆山，则写目前居住地昆山；若在上海嘉定，则写目前居住地或工作地都可以；若是上海其他区域，则写目前工作所在地上海。若现在的两处地点是上海及昆山以外的城市，那么需要判断自己居住地的地理位置更能说明自己的优势，还是大城市的工作经验更能说明优势，再作选择。

(6) 国籍 / 户籍 & 地区 / 籍贯

以下情况，建议写明：

i 国籍

若是外籍人士，尤其是外籍华人，写上国籍。因为根据法律规定，企业若雇佣外籍人士，则需要与中国籍人士在薪酬、福利待遇等方面作出区别。而且有些职位是不会雇佣外籍人士的。

ii 户籍 & 地区

①户籍所在地是求职所在地，而非目前工作所在地。例如：户籍所在地是上海，求职所在地也是上海，但目前居住地是北京。

②来自港澳特别行政区和台湾的人士。

③当招聘企业在招聘要求里写明“有 XX 户籍的人优先”时。

iii 籍贯

①当籍贯和户籍不一致，又想要求职到籍贯所在地时。例如：无锡是你的籍贯所在地，但户籍所在地却是苏州。当求职所在地是无锡时，写明籍贯将可能为你加分。

②当籍贯和居住地不一致，又想要求职到籍贯所在地时。例如：无锡是你的籍贯所在地，但居住地却是上海。当求职所在地是无锡时，写明籍贯将可能为你加分。

总之，写明户籍、籍贯，无非是为了在简历上向简历阅读者说明“为什么想到此地求职？”。若根本不会产生这个问题，则无须写明。其他项目（比如国有企业在意的“政治面貌”）都可以参照这个注意点来写。

32. 写教育背景时有哪些注意点？

教育背景必须包括时间、学校、专业、学历。项目虽然不多，但也有不少注意点。

(1) 从最高学历写起

学历一般写的是大学阶段，即从博士、硕士（包括 EMBA，MBA）到本科、大专、高职。若初中毕业后起点的学校是中专、职校，之后深造的大专、本科甚至硕士，也是需要写明的。因为即使不写明，简历上的年纪和工作经历也会“出卖”求职者。

值得一提的是，一些企业的招聘要求是“全日制本科生”，也就是说在职本科的学历背景并非其想要的。如果求职者无法满足该条件，那么千万不要抱侥幸心理，因为首先学历背景很难隐瞒，其次，一旦一家企业在岗位说明书的招聘要求里明确写明此类要求，通常是不会破例的。

(2) 写明时间段

时间段是指就读起始的年月到毕业的年月，千万不要只写年不写月，或只写毕业时间。

(3) 写明专业

很多人只写诸如某某学校，学士学历或某某学校，本科；却不写所学专业。不管专业和今后工作的对口度如何，或是专业本身的专业度如何，专业都是必须要写的项目。

(4) 必要时写明毕业证书

若最高学历只有本科，且只有毕业证书而没有学位证书，简历上最好写明。如果怕难看而在简历上不写，那也要口头和招聘方说明。有的求职者自以为能瞒天过海，但在应聘时稍不留神，难免产生竹篮打水一场空的结果。

(5) 必要时写明学校的地点

若就读过国外学校，或者是合作办学涉及中外两所学校，最好写明就读时所在的城市、国家，以免给简历阅读者造成困扰。

(6) 培训经历不要写在教育背景中

诸如MBA培训课程而非MBA教学课程的，请写到培训经历中。若要罗列所上过的培训课程，务必放在培训经历项目里，而不要全放在教育背景中。

(7) 可能的加分项

①交换生经历

②高绩点

③校级及以上级别的奖学金

对于工作经验5年以下，或非名校毕业的求职者，最好能写出这些加分项。但对于5年以上经验或名校毕业的求职者，此类加分项锦上添花的作用就很有限了，需要更加突出实际工作能力。

33. 写企业名称和职位有哪些注意点?

(1) 企业名称

①务必写明自己具体服务的企业名称

很多人喜欢只写品牌名称(如百事可乐),但这并非企业名称。很多人也喜欢写集团名称(如通用电气集团),但因为集团旗下有许多企业,所以需要明确说明自己的隶属(总部、分公司、办事处),并且要按照官方的格式写明。简单举例如下:

i. 通用电气(中国)有限公司四川办事处

ii. 华为技术有限公司

iii. 泛亚汽车技术中心有限公司

②在中文简历里,外资企业应写中文名称

为了体现职场专业性,除非企业没有取中文名,或者是英文名人人耳熟能详,如GE、Google之类,否则都建议写明中文名称。若企业的中文名没有外文本名知名度高,可以用括号备注。

(2) 职位

①职位需要连同职务名一起写,并且必须和时间段一一对应,不能只写最高职务的名称。例如:

正确写法	错误写法
2003/07——2004/06 高级客户经理 2002/07——2003/06 客户经理 2001/07——2002/06 高级客户专员 2000/07——2001/06 客户专员	2000/07——2004/06 高级客户经理

②写明自己所属部门,若不写明部门,会造成信息不清甚至混淆。试举几例,可以看出同样的职位名称可能职能迥异:

- 成本管理部成本分析员和财务部成本分析员
- 市场部活动专员和公关部活动专员
- 整车项目管理部项目经理和车身部项目经理

③建议写明所属分支机构,即具体所属哪个工厂/研发中心/采

购中心。

④同一时期拥有一个以上的职位，需要写明各个职位名称以及对应的职责信息。

举例如下：

招聘专员兼薪酬福利专员

[注]除非应聘国企，否则一般不需要写明在企业里的党组织、团组织、工会中所担任的职务。

⑤若在项目中有担任职位，请在项目管理经验里写明，详见问题35。

34. 写工作职责时有哪些注意点?

工作职责就是工作者在具体工作时所负的责任。若说工作经历模块是简历的核心部分，那么工作职责就是工作经历的核心部分。作者总结了“一式二步法”供大家参考。

“一式”

形式上用项目符号呈现。建议一个符号后的描述文字尽量控制在一行以内，最多不要超过一行半；奇数个符号为佳，因为视觉效果上，奇数因为容易给人“完结”的感觉而更具美感。

切忌大段堆砌文字，因为即使用分号隔开，其视觉效果也远远不如用项目符号清晰。而且用项目符号可以是多级罗列（建议不要超过三级），使逻辑关系更为清晰。举例如下：

XXXX

xxx

xxx

xxx

XXXXX

xxx

yy

“二步”

第一步：将工作职责分类，分成不同的模块，按模块来写职责。就好比写简历，我们是按个人信息、教育背景等模块来写一样。

所谓“模块”，其实就是一类职责的小标题，如果工作职责比较简单，一类就只有一条，且一共就只有三五条，那么设置小标题反而多余了。

第二步：在每个模块中具体罗列职责。根据实际情况，这些职责条目既可以按时间先后顺序排列，也可以按轻重顺序（重要性从高到低）排列，还可以按分配的工作时间量大小（从量大到量小）排列。不管按什么顺序排列，每条职责的描述都应尽可能体现逻辑性、条理性、易读性。

如果不太清楚如何梳理、分类工作职责，那么参照自己所做职位的岗位说明书 (Job Description)，并结合实际工作内容进行调整。这是最简单但却有效的方法。有时，若没有岗位说明书，则可以参考招聘网站上类似岗位的说明书。此外，因为很多公司对员工的年度绩效考评通常利用 KPI (Key Performance Index) 来做评估，而 KPI 通常对应于职位的职责和所需具备的能力点，所以参考 KPI 写工作职责也是一个实用的方法。

总之，只要平日注意归纳总结，跳槽时撰写工作职责就可以信手拈来了。

35. 写项目管理经验时有哪些注意点？

很多人的工作本身就是做项目管理，或者部分职责会涉及项目管理。基于简历中书写这类内容的特殊性，在此分两种情况说明，一类是职位为项目管理，一类是职位为非项目管理。

(1) 项目管理 (project/program management) 职位

包括：

①职位名称本身就含“项目”，如项目总监、项目协调员等。

②职位名称虽然不含项目管理，如咨询顾问，但实际工作的开展完全是以项目的形式，工作中 80% 以上的时间用于管理项目。

这种情况下，写法如下：

①工作职责按工作流展开，即按项目管理的常规流程 / 步骤展开，然后再写其他职责。

②把过往的项目按时间**由近及远**的顺序排列，并且挑重要的项目

进行详细罗列。如下格式仅供参考：

时间、项目名称：年/月——年/月XXX项目

项目角色：项目所有者、项目参与者、项目协调者

项目成员：人数，详细的可以写明包含xx部门xx人、yy部门yy人

项目工具：开发类的项目需要说明具体的开发工具

项目职责：说明在该项目中具体承担的工作责任

项目成果：说明截至到目前，该项目取得了什么成果

(2) 非项目管理职位

职位名称本身不含“项目”且工作中用于项目管理的时间在80%以下。

①对于强项目管理性质的非项目管理职位（项目管理时间占比约50%~80%），工作职责的写法应以项目管理职责为主，兼顾其他职责。

②对于弱项目管理性质的非项目管理职位（项目管理时间占比在50%以下），写法上无需给予项目管理职责特殊地位。

在描述非项目管理职位的职责时，关于项目管理的部分的详略程度只需要同其他职责保持一致，不必过于详细和突出。

此外，**若一直从事项目管理职位，且罗列的项目众多，则还可以把这些内容整合成与工作经历模块平级的、单独的模块**；其他情况下，为了方便简历阅读者，关于项目管理的职责描述还是宜写入工作经历模块中。

总之，为了更好地安排项目经验描述的详略，读者需要深入思考自己的职责并分析目标职位，在认真权衡后作出取舍。

36. 写工作业绩时有哪些注意点？

虽说工作业绩，也就是工作成就似乎并非简历的必写项目，很多求职者也往往是不写的，但作者强烈建议求职者写工作业绩。因为一方面，工作职责写得再精美，同类职位还是大同小异，很难分出高下；另一方面，职责只是说明你需要做哪些事，承担哪些责任，而你做成了哪些事，承担了哪些责任是体现在工作业绩上的。事实上简历阅读者、之后的面试官更关心的恰恰是你的业绩。看到这里，读者应该明

白工作业绩不但要写，而且要写好。为了写好工作业绩，作者总结了“两个说话、两个力”。

两个说话：

①用数据说话

俗话说得好，老板看数字。用数据说话是最务实有力的了。如：“市场占有率提升了 xx%”“销售额突破了 xx，同比增长了 xx%”“连续三年全国/华南区域第一”“新增客户 xx 个”“xx 零件成本降低 xx%”“全年结案率 xx%，位列第二”……

很多人误以为只有营销类的岗位才有数据可言。实际上，各个岗位都有数据可以挖掘。只要结合自己的 KPI，平日里留心统计、分析，是不难总结出数据，用来定量地说明自己的贡献的。

②用荣誉说话

很多企业为了激励、保留员工，会授予员工各类荣誉。荣誉并非人人可得，是个人业绩的佐证，也是个人获得企业认可的凭证。诸如“xx 年度亚太创新奖”“xx 年度卓越员工奖”“xx 年度优秀项目奖”“XX 年度客户最佳满意度奖”……

两个力：

①发展力

超越晋升的平均速度、超越领导层的平均年龄、一切超越常人的发展力都能证明你比别人优秀：“xx 年升任经理，成为全公司年纪最轻的部门经理”“是本部门有史以来第一个在 5 年内升任为总监的人”“成为本公司的全球继任者项目的成员”……

②领导力

组建新的团队、带领团队获得的荣誉和成绩都是管理者重要的工作业绩，非常值得书写：“从 0 开始搭建整个华南区域办公室，从 0 人到如今的 1xx 人”“团队连续三年被评为 XXX”……

总之，不管工作业绩是单独成项写，还是融入工作职责中写，一定要遵循“有什么写什么”原则，既不少写漏写，也不杜撰夸大。工作业绩必须是真实可考的，因为无论企业通过正式的背景调查，还是 HR 通过非正式的途径打听，一旦发现有造假行为，那么一切就都完了。

37. 写离职原因时有哪些注意点?

离职原因非必写项。但因为稳定性是每家企业都非常看重的品质，所以若过往的跳槽经历过于频繁，还是有必要具体说明离职原因，以免在简历关就被筛掉。所谓“跳槽过于频繁”，大体包括以下几种情况:

①工作过的2/3以上的公司服务不超过3年。

②每家公司服务的时间几乎都是2年甚至1年左右。

③在最近的两到三家公司中服务的时间较短，均未超过2年甚至1年。

④跳槽到最近的一家公司未满6个月。

⑤最近1年内接连两次跳槽。

当然，除非企业方或合作的猎头有明确要求，写不写还是取决于个人意愿。

写离职原因可以从客观情况+主观意愿两方面展开:

①主观意愿:千万不要只写“为了更好地发展”，而要具体说明:为什么选择下一家企业?“更好地”具体体现在哪里?“发展”具体体现在哪里?只写笼统的一句话是没有任何价值的，不如不写。

②客观情况:通常包括地点变化、组织机构变化、领导层变化、职位变化等。同样地，不要笼统地说“XX变化”，而是要具体说明这个变化带来的影响是什么。

如:

● 因为公司地点发生变化，单程上班时间超过2个小时。

● 因为公司被XX公司收购，3年内入职的员工都面临被裁员。

● 因为公司组织结构变化，我所在的部门和XX部门合并，导致我目前的工作量严重不足/我目前转做XX工作，不是我所喜欢/擅长/想长期发展的方向。

总之，离职原因最好能同时包括客观情况和主观意愿，并且要体现出两者的相互关系或作用。如果能说明同时存在外在的“被迫”因素和内在的“需求”因素，那么频繁跳槽的选择就会显得合情合理并容易被目标公司所接受。当然，只有内因或外因也是完全可以的。不过，即使只有外因，或外因为主导因素，也要提及内因，以便向企业证明:

选择频繁跳槽更多是为了追求自我的发展，而非仅仅是为了“避难”。

38. 不同工作年限的人，写简历时有区别吗？

工作年限越久，可以写入简历的内容自然会越多，也就越需要求职者能够分清主次、详略。提供两条原则供参考：

①经历近则详，远则略。

最近两三家公司的经历要详细说明，年代越久远的越简略，但还是要交代清楚时间、企业、职位以及职责（职责至少写一句话）。

②与应聘职位关联度大则详，关联度小则略，无关则不写。

在工作经历、培训经历、技能、证书等模块中，切忌“事无巨细”，必须有所选择。

总之，不管年限长短，求职者脑中必须有一个概念：简历就是在事实的基础上扬长避短。和相亲一样，为了给心仪的对方留个好印象，必须把最光鲜的一面展示给对方。

39. 不同职能的求职者的简历有哪些区别？

用二分法来看，工作按职能可以分为技术类和非技术类两类。在简历里，技术类职能要更突出对物、对数据的能力；而非技术类职能则应更突出对人的能力。

40. 不同职务的求职者的简历有哪些区别？

同样用两分法来看，工作按职务可以分为管理和非管理两类。在简历里，管理类职务应更突出个人如何影响团队其他成员的表现、如何激发出整个团队的工作潜能，即不管团队成员是行政下属还是非行政下属，是部门成员还是项目组成员，都要有业绩可叙；而非管理职务应更突出个人的工作表现、如何发挥潜能为团队作贡献、为部门创造价值。

41. 写简历内容时还有其他注意点吗？

作者总结了 9 个注意点或者说是小贴士，涵盖了企业简介、自我评价和薪酬等方面。一一说明如下：

(1) 企业简介

若简历上的企业非业内著名的企业，或者选择跨行业跳槽时，简历上的企业没有著名到妇孺皆知的地步，那么建议写不超过三行的公司介绍。具体内容可以参考公司官方网站的介绍。

此举是为了避免简历阅读者把明明“出身名门”的你归类到“无名小辈”。即使所在企业的确默默无闻，如果求职者能够给予其一个清楚而恰如其分的简介，那么也能够体现相当的专业度，给简历阅读者留下好感。况且，知名度不高的企业不乏有业务能力很强、在细分领域里做得很好的企业，甚至和招聘方企业有直接的业务关联或竞争关系，只是通常简历筛选第一关的人事未必知道，所以如果求职者能及时为其普及知识，何乐而不为呢?

(2) 汇报线关系

包括：

①求职者直线汇报者的职务；

②求职者的下属人数。

在简历中添加此项，是为了体现求职者在企业组织结构中所处的位置。这种“位置”可以帮助招聘方从另一个维度判断求职者与招聘职位的匹配度。即使简历中不写明，招聘方也往往会在面试时问及此项。在此强烈建议：工作8年以上的求职者，或已经具有管理经验（带团队）的求职者务必写明汇报线关系。

(3) 自我评价

一般而言，不建议求职者在简历中写自我评价，因为一来绝大多数的自我评价都是自吹自擂且空洞无物，二来简历阅读者的时间有限，往往会直接跳过这部分。

但是，对于已经做到中高级管理层的求职者，建议写自我评价。因为自我评价部分通常是对其整个职场经历的个人总结，所以简历阅读者往往会先重点看这部分。以作者2万份简历的阅读经验来说，不得不说，此类求职者的自我评价往往会务实得多，能较客观地总结自己的特长、经验。

总之，大家根据自己的情况决定是否写自我评价。但是必须强调：

与其写假、大、空的自我评价，不如不写。

(4) 证书和技能

①同类证书只写最高级别，如大学英语水平，有 CET6 级证书的，不用再写 CET4 级证书。

②拥有多种证书的，可以分类写，如最常见的语言类证书和计算机类证书；且可以结合证书做针对技能的描述。如拥有英语专业八级、高级口译证书，英语听说读写流利。

③没有具备证书的技能，也可以用文字进行描述，尤其是和目标职位息息相关的技能。如：熟练使用微软办公软件 word、excel、PPT。

④才艺类技能如钢琴十级，请归入爱好，因为其并非求职所需的直接技能。

(5) 培训

时间上建议按由近及远的顺序写，内容上遵循“三不”原则：与求职职位相关度不高的不写，培训内容无收获的不写，培训内容记得不清楚的不写。

(6) 空档期

空档期是指简历上两家企业之间，或教育背景和第一家入职的企业之间有一段时间间隔。

空档期是因为个人原因（如休整、旅行、求职、生育、读书）或 / 和家庭原因（如亲人重病、幼儿照料）而实际产生的没有工作的时间间隔。如果这一间隔超过 3 个月，那么必须在简历上写明原因。

空档期也可能并不存在，只是为了隐瞒一段较短的工作经历或和求职无关领域的工作经历或创业经历而跳过不写，使得简历阅读者误以为存在空档期。虽不鼓励如此做，但在一些特殊情况下，也可以勉强如此操作，只是务必在面试时说明真实情况。

至于为了抹掉想要隐藏的经历而把时间直接篡改掉，导致简历上根本没有空档期的做法，作者是不赞同的，因为这通常会被视为存在职业道德瑕疵了。如果说留着空档期不写具体经历，还属于简历缺失部分信息，那么不留空档期则属于简历造假，两者性质有本质不同。一旦被招聘方在背景调查时查出问题，就得不偿失了。因为一个企业或许不会因为你有过创业经历而选择不录用你，但一定会因为你简历造假而选择不录用你。

总之，就空档期而言，不论长短，也不论简历上有没有具体说明，都要做好口头说明的准备。

(7) 照片

除非企业方规定，否则照片非简历必须项。建议若非对外貌非常自信，甚至外貌一直是“求职利器”，那么可以不放照片就别放了。若放照片，注意点如下：

①大小通常是1寸照，但并非一定要使用报名照。

②必须是近照。不能工作5年了，还放当年毕业时候的照片，以免HR看到真人后感叹“岁月是把杀猪刀”。

③必须真实。艺术照或PS过度的照片不能放入简历。化妆、修饰是可以的，尺度以见面时对方能认出为准。

④尽量选用拍的美的照片，千万别抱着“是张照片就行了”的心态。

(8) 爱好

爱好非简历必写项。若写爱好，那么罗列不要超过3个，且务必真实。试想，一旦面试官对所写的某个虚拟的爱好提问，就难免出洋相了。

(9) 薪酬

薪酬包括目前薪酬和期待薪酬，都是简历非必写项。但有以下情况者，建议写明目前或期待的薪酬信息：

● 心理上存在完全不能调整的最低价位，建议写明期待薪酬，以免浪费求职过程中各方的时间。

● 目前薪酬较低，但对于目标职位的薪酬预期较高，即远远超过了行业的平均涨幅水平，建议写明期待薪酬，而不要写明目前薪酬。

● 目前薪酬已经高于目标职位可给出的最高薪酬，但出于各方面考虑还是愿意去应聘该职位，建议写明期待薪酬，而不要写明目前薪酬。

更简略来讲，但凡求职者有薪资谈判准备的、期望远高于目前收入的、即使降薪也愿意跳槽的，就要在简历上有选择地写明薪酬信息。

特别指出：若是和猎头合作职位，通常猎头会请求职者详细说明目前薪水和期待薪水。求职者一旦和猎头确认好总数值（例如年薪 30 万）及相关构成（例如按 15 个月拿薪）以后，就务必在以下的各个环节中保持说法的一致：

①接到 HR 电话，被口头问询时；

②参加面试前，书面填写个人信息表时；

③面试中，再次被问询时。

因为如果不一致，那么求职者很可能连面试机会都无法获得，即使被面试了也会有缺乏诚信的嫌疑，所以切忌前后说法变来变去，甚至没有仔细计算就随意给猎头一个说法。

42. 简历形式有哪些注意点？

形式上的注意点包括：简历文件类型选择、简历文件名命名、简历格式保存、简历内容的格式等。

(1) 简历文件类型选择

简历的标准文件类型是 Word 文档。

虽然有些求职者喜欢用 PDF，还有用 Excel 甚至 PPT 的，但除非招聘企业方有特殊规定，否则还是建议用 Word。相较于 PDF 文档的不可修改性（不能添加评论、备注，甚至可能因为对方电脑没有安装 PDF 软件而无法打开）、Excel 的表格属性和 PPT 的图片属性，Word 文档因为具有文字属性，所以是最合适用来做简历的。

(2) 简历文件名命名

作者见过很多不专业的命名，比如就以“个人简历”四字命名。虽然命名的格式没有统一规定，但一个规范的简历文件名最少需要包括“简历 + 姓名 + 日期”，如“简历——李三——20160101”。

一般而言，再添加一些有针对性的后缀，如“应聘 XX 职位”或“应聘 XX 职能”或“目前的职位”等，也是不错的。当然，若招聘广告中规定了文件名格式，就必须按规定命名，以免投递的简历直接被筛掉。

(3) 简历保存

建议在“另存为”的时候选择含有“1997——2003”的扩展名保存，也即选择 *.doc 格式，而非 *.docx 格式，以免发生简历阅读者因为

Office 软件版本较低而无法打开简历的尴尬。

(4) 简历内容的格式

格式应在整体风格统一的基础上，尽量显得美观、简洁。以 Word 文档为例，说明如下：

①字体：中文建议用宋体、新宋体、楷体、黑体；英文建议用 Arial Unicode MS，Times New Roam 等常用的字体，并且保持全篇的字体统一。

②字号：建议每个模块的标题（如个人基本信息、教育背景）用小四号字，内容则用五号字。备注信息如公司简介则用小五号字。

③行距：建议行与行的间距选择 1.5 倍固定行距。

④对齐：一般都是左对齐。若插入表格，可以在表格里选择居中对齐。

⑤缩进：一般不需要调节缩进，若有需要，调节的缩进量要保持前后一致。

⑥其他：

i. 下画线：适用于标题类文字。

ii. 加粗：适用于标题类文字或其他特别想强调的文字。

iii. 表格：建议不要随意插入表格，因为其会使简历产生视觉割裂感；如果想要使文字有类似表格的阵列效果，可以用项目符号、多级列表等形式实现。若一定要插入表格，也不宜过多使用。一般只有在罗列时间段、企业名和职务名时才使用表格。特别地，如果求职者就职过的企业已经超过五家，且加起来的服务年限超过十年、在每家企业都经历过一个以上的职位时，那么用表格的形式确实可以给阅读者带来框架式的印象，方便其之后阅读简历上详尽的工作经历。

iv. 图片：不建议在简历中插入个人一寸照以外的图片。一些求职者会插入企业的 Logo 图标，这样做虽然会增加文件的色彩感，但也会增大文件的大小和排版的难度，而且意义也不大，因为企业名称已经能帮助阅读者带来认知感。

⑦语言：一般需要准备中文和英文简历各一份。强烈建议不要写中英对照的简历，因为对照版本的视觉效果非常不佳。

⑧篇幅：没有硬性规定，除非招聘企业有特别的要求。一般而言，

工作五年以下的求职者的简历不宜超过二页，5~10 年的不宜超过三页，十年以上的可以写到五页左右。有些人以为简历不能超过一页，事实上只有应届生的简历才有此要求。

本章小结：

由于简历阅读者时间有限，因而一份好的简历必须避免任何形式或内容上的阅读障碍，便于其能够迅速获得关键信息。因此，简历的内容和形式都需要用心思考、精心撰写，写成后还要反复修改。只有这样，简历作为求职跳槽的“敲门砖”才能发挥其作用。事实上，相亲见面前我们也会询问介绍对象的信息，而见面时两人谈论的话题也都会围绕个人的家庭情况、教育背景、工作经历和兴趣爱好等展开，无非是一份简历的口述。

第九章

约出来见见之梳妆打扮——面试前的问题准备

43. 面试常问的问题包含哪些方面?

通常，可以分为客观信息和主观信息两方面:

(1) 客观信息

真实的、客观存在的信息，包括但不限于:

- 个人信息
- 教育背景
- 技能
- 证书
- 培训
- 公司简介
- 汇报线关系
- 职位、职务
- 目前薪酬

简历中包含的大部分信息都属于客观信息的范畴。如果面试官询问此类信息，那无非有以下两种动机:

①对简历提供的信息有疑问，需要双重核实;

②想知道简历中所没有提供的信息，需要补充。

(2) 主观信息

表明主观意愿和判断的信息，包括但不限于：

● 动机

①历任公司的跳槽动机、离职原因说明，尤其是关于离开现任公司动机的说明；

②向目标公司 / 职位跳槽的动机说明。

● 期待的薪酬

● 目前工作情况

①工作职责；

②工作业绩；

③人际关系。

● 对应聘企业的认知

①企业层面；

②职位层面。

● 自我评价

①个人优点、缺点，求职者觉得自己是个什么样的人；

②同事眼中 / 领导眼中 / 朋友眼中的求职者是个什么样的人。

● 有什么问题要问面试官

最后要提醒的是：即使简历中已包括一些属于主观范畴的信息（如离职原因等），面试官通常还会当面询问。这是因为：主观问题无法通过调查举证来验证真实性，面试者只能依靠询问过程中与求职者的互动来作出主观判断。换句话说，面试的真正使命就在于验证主观信息的真实性。通常，由于一个纯谈话形式的面对面面试只有 40~60 分钟的时间（电话面试则更短，通常在 20~30 分钟以内），为了让面试官能在这么短的时间内达成这一使命，求职者应该让简历包含尽可能多的客观信息，以便面试官能有充足的时间（占总过程 80% 以上）询问、验证主观信息。

44. 如何回答关于动机的问题？

动机包括了两个维度：

①上一家公司的离职动机，即离职原因；

②后一家公司的跳槽动机，即加入原因。

无论是回答目前公司还是过往任何一家服务过的公司，都务必记得动机包含这两个维度。

回答动机问题应在实事求是的基础上，最大程度地突出每次跳槽都是自我意愿的选择，并把动机说得合乎情理、易于被人接受。

具体来说：

(1) 实事求是：不要避谈消极因素

大家往往会本能地避免去谈及消极因素，尤其是一些特别敏感、特别容易带来负面印象的主观因素（如与领导不合、内部没有发展空间）或客观因素（如企业被收购、领导层频繁变化）。但实际上，因为知道“没有无缘无故的爱与恨”，面试官是不可能被简单的一句话“为了更好地发展”而搪塞的。若求职者一开始给不出合乎情理的动机，那么面试官会一再追问，最后求职者往往还是只能“坦白从宽”。但在“逼问”之下才吐露实情并非明智之举，因为这样做容易给面试官留下“遮遮掩掩，不愿正面回答问题”的印象，增大被筛掉的风险。

(2) 最大程度地突出是自我意愿的选择：而并非仅仅是被迫“避难”

不可否认，很多时候促使求职者萌发跳槽念头的起因是客观因素的变化。但是无论客观因素的变化如何恶劣，求职者都不应将其作为唯一的动机陈述。有些求职者的跳槽动机中并不存在客观因素变化，如单纯是因为朋友介绍，但讲述时同样也需要强调个人主观意愿。否则，其势必会被认为在职场上是胸无大志、毫无计划、人云亦云、随意选择。

如何突出自我的意愿呢？求职者要尽可能详尽地表述自己关于职业发展的规划、并表达希望通过更合适的发展平台和职位机会来实现这一规划的意愿。在这样的视角下，客观的不利因素或机会性因素在跳槽选择中就只会被认为是推动因素，而非主导因素。

(3) 把动机说得合乎情理、易于被人接受：以积极正面的心态描述所有主客观因素

因为世上没有不透风的墙，专业的圈子总是很小，所以求职者不要抱侥幸心理想隐瞒什么，即不需要考虑“说什么”，而需要关注“如何说”。“如何说”的问题非三言两语就可以解决，必须就事论事，因人而异地辅导。

45. 如何回答关于薪酬的问题？

求职者需要同时准备有关目前薪酬和期待薪酬的问题。

面试前，企业通常都会让求职者填写个人信息表，并在表格中填写目前薪酬和期待薪酬。表格填写并非是很多人以为的走个过场、留份材料的过程。据作者所知，很多大公司出 Offer 的薪酬依据就是表格中的数字。(注：Offer，全称是 Offer letter，汉语解释为录用信、录取通知。后文中的 Offer 皆是此意。)明白了这点，就需要在填表时“心中有数”，尤其应注意：

(1) 数字必须填写

目前薪酬和期待薪酬以税前的数字填写。薪酬是面试官面试时会重点询问的项目。如果求职者不“交代”清楚数字，那么面试官通常不会“善罢甘休”的。所以，没有必要在表格上留白，更不可随意填写这些数字。

根据作者的经验，在填写时“故作姿态”并非是好的策略。招聘求职是双向选择，薪酬协商是你情我愿的平等谈判。既然企业“询价”了，求职者就应该“报价”。如果求职者不报价或者拖延报价，那么企业方会觉得其没有诚意，往往为了不浪费时间而直接将其排除出候选名单以外。

(2) 数字如何填写

a. 目前薪酬

每个公司的薪酬结构不同，求职者需要做的就是把目前的薪酬如实地填写。既不要漏报也不要多报，避免造成双方的理解误差甚至引发诚信危机。

“不要漏报”是指：即使表格上没有罗列出和你的薪酬结构相一致的所有项目，求职者也需要把你目前有的项目都一一罗列清楚。如果列明细结构有困难，求职者至少应该将**税前年薪总额要填写正确**。

特别需要指出的是：可计入年薪的部分必须是**可以提供单据证明**的部分。像现金、发卡的部分，通常不能被计入，虽然你有权力说明，但招聘企业有权力不计入。如下图所示：

可以计入部分	不可以计入但可说明部分
工资：每月基本工资（包括绩效工资）	出差补贴
奖金：包括月度、季度、半年度、年度奖金	加班补贴（有公司可以计入，视情况而定）
补贴：包括月度固定的手机费、餐费、交通费等	现金（奖金、过节费、旅游费等）
	各类购物卡
	补充公积金、养老金[也有称为企业年金]（有公司可以计入，视情况而定）

b. 期待薪酬

因为每家公司的薪酬结构不同，即固定发放的月份数、发放奖金的数额等都不同，所以建议求职者要么填写“期待税前年薪XX”，要么填写“期待税前每月工资XX*X月”，总之不要单单只写“期待税前每月工资XX”。

到了面试环节，面试官关于薪酬的提问无非是想了解两点：

(1) 求职者的真实意愿与表格填写的是否一致

不管求职者参加哪一轮面试，只要涉及薪酬问题，务必保持前后说法一致、和表格一致。

当然，期待薪酬并非不可以变化。只是求职者所说的期待薪酬应该和前一次商定的结果一致，千万不要在面试时随意跳价。毕竟，任何公司都不会喜欢一个“贪得无厌”“得陇望蜀”的人。

另外，所谓目前薪酬的一致并非说不能差一分一厘，只是应避免出现百分之十以上的巨大的数字差异。试问，一个连自己薪酬都算不清楚的人，能可靠吗？如果实在算不清楚，那建议找一位靠谱的猎头，让其指导你静心把钱袋算清楚吧。

(2) 是否有可谈空间

求职者如果想答好这类问题，必须具体情况具体分析，务必精心准备。这里提供几条原则供参考：

①于己于人，预留余地：期望薪水要事先预留余地，不可过高，

也不可过低。

②态度友善，不卑不亢：不管对方态度如何，保持自身的优雅，让对方把你当成真正懂得谈判艺术的高手。（感兴趣者可以去看《沃顿商学院最受欢迎的谈判课》。）

③想法明确，进退有度：求职者首先必须确切知道自己的预期，包括底线预期和最佳预期；随后，尽力打探出对方的薪酬区间；最后，在谈判时做到该进进，该退退。

相关话题，作者会专门在薪酬福利一章中具体说明。

46. 如何回答关于目前工作情况的问题?

工作情况无疑是面试问题中的重中之重，一般会由工作职责、工作业绩和人际关系等三部分构成：

工作职责方面：

- 能具体说明下你目前的工作职责吗?
- 你简历中写到的 XX 职责，你能具体解释一下吗?
- 你能具体举个例子说明下你的工作流程吗？
- 你能具体举个例子说明下你负责的项目是如何开展的吗?
- 你换过几份工作，职能都不一样，你觉得目前做的这个职能是你最擅长的吗?

……

工作业绩方面：

- 能谈谈你的工作表现 / 工作成绩吗?
- 你知道你工作的 KPI 是什么吗? 你完成的如何?
- 你能举个你觉得做得最成功 / 最失败的项目的例子吗?
- 你老板对你的年度考核的评价是如何的?
- 你的年度涨薪是处于公司的平均水平吗?
- 你在该公司 xx 年了，没有获得过晋升吗? 为什么没有呢?
- 你获得过公司荣誉吗?

……

人际关系方面：

- 你觉得在同事眼中你是什么样的人?

● 你觉得你老板是什么样风格的人?

● 你接触过的老板中，有让你觉得很难相处的人吗? 他是什么样的风格?

● 你欣赏 / 排斥什么风格的老板?

● 你能描述下你的管理风格吗?

● 你会招聘什么样的人进入你的团队?

● 你无法容忍什么样的人做下属?

● 在项目中，你是如何指挥 / 驱动来自各个部门的成员?

● 当你和领导意见不合时，你会如何处理?

● 当你在一个工作任务中和别的部门发生冲突矛盾时，你怎么处理?

● 你认为作为一个优秀的 XX，需要具备什么能力?

……

对于如上种种问题，要作一个令人满意的回答，作者总结了如下原则供参考:

(1) 以“我”为主语

谨记面试官面试的是你个人，考察的是你个人的能力，所以不要开口闭口“我们如何如何”，而必须是“我如何如何”。即使项目是团队共同完成的，求职者也要始终记得回答自己在团队中所起的作用。既不要把所有人的功劳都嫁接到自己头上，也不要陈述了半天，都没有提到你的作用。

(2) 以解决问题为导向

工作中总会出现各种各样的问题、矛盾和冲突。在回答冲突矛盾类、工作困难挑战类的问题时，求职者切忌抱怨问题，而应该向面试官说明: 你所有的处理方式都是以解决问题为导向的。

(3) 举例说明

很多求职者都只会泛泛地做理论性说明，而不会举例子。但正因为“知易行难”，所以面试官要听的恰恰不是理论而是实践。了解了面试官的心理，求职者就应该注意: 凡能举例说明的问题，都要举例说明。在举例说明时，STAR 法则、针对性原则和总分总结构是最常用而有效的方法:

a. STAR 法则

即 situation——情境、task——任务、action——行动、result——结果。STAR 法则是面试官常用的面试工具，因为其可以检验求职者所说的是事实还是空话、套话。求职者一旦懂得遵循该法则来回答问题，就会较容易受到面试官的认可。

以应聘猎头顾问一职为例，一个完整地利用STAR 法则的例子如下：

运用 STAR 法则
能举个例子说明下你遇到过的棘手职位吗？
——T: 我接到过一个职位，是 XX 客户要求找产品经理，三天内必须给出两个符合其要求的人。其提出的核心要求包括英语口语流利、对口产品经验 5 年以上、税前年薪期望不超过 40 万和男性。
——S: 并且因为职位紧急，客户也说明了其已经放了多家猎头公司同时访寻。本来行业内符合其条件的候选人屈指可数，而客户自身品牌也非强势品牌，薪水的吸引力也不大。这个职位的难度可想而知。
——A: 但基于对于客户是核心客户的认知、对于职位的紧急程度的评估以及我对行业情况的了解和行业资源的储备，我选择当即开展访寻。我利用自身在产品方向上充足的资源积累，当天下午就与所有我所熟悉的合适人选进行了联络，除了暂时联系不上的发了短信、邮件外，其余的人都实现了电话沟通。虽然客户坚称不会放宽要求，但我仍然适当放宽了筛选条件，并且锁定了两个可能有意向的人选。次日一早跟进，其中一个答应考虑，我迅速地就把手边的简历做成报告，推荐了出去。并及时和客户取得联系，安排了面试。同时得知客户手上没有其他人选，人事在部门那压力依然很大，而我知道再出一个人选的难度极大，所以和客户就行业人才情况作了说明，并再次询问是否可以放宽条件考虑，人事表示可以放宽年限要求到产品经验 3 年以上试试。基于此，我在第二、三天又给客户送出了 2 个年限较短但资质不错的人选。
——R: 我送的第一个人选在四轮面试过后，大约三周的时间拿到了口头 Offer。而 Offer 谈判持续了将近两周，可以说也是费尽周折，若有需要，我可以再展开说明。最终候选人接受了 Offer。数字是加了 sign on bonus（到岗奖金），达到了 40 万。 虽然这个职位最终能够完成，确实有一些运气的成分，但是在较短时间内，能够在这样一个有难度的职能方向上送出客户愿意面试的人选，还是说明了我所拥有的扎实的资源积累和良好的人际关系。

很多人虽然知道STAR法则，但具体用的时候或者会缺一些元素，或者就显得空有形式而无实质性内容。为了避免出现这样的情况，建议STAR法则可以用Who，What，How来检验是否运用到位了。即：Who——谁：我；What——什么：什么任务；How——如何：如何做的，结果如何。

b. 针对性原则

针对性是指例子必须针对问题的真正指向，即求职者应揣摩在问题背后，面试官真正在意的是什么、想知道的是什么。如果求职者不知道问题的真正指向，或者虽然知道，但例子举偏差了，那么其回答问题时所举的例子是不可能让面试官满意的。

如下问题回答的思考方法，供大家参考：

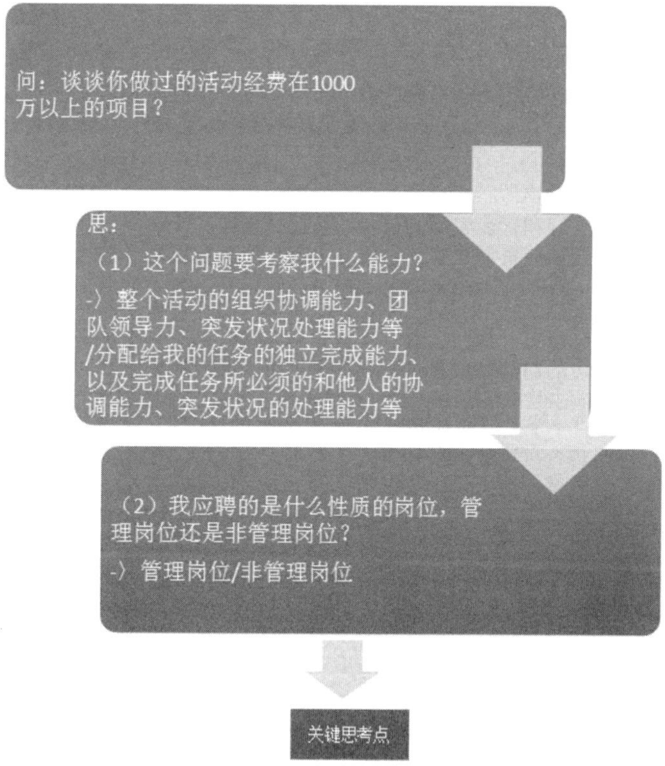

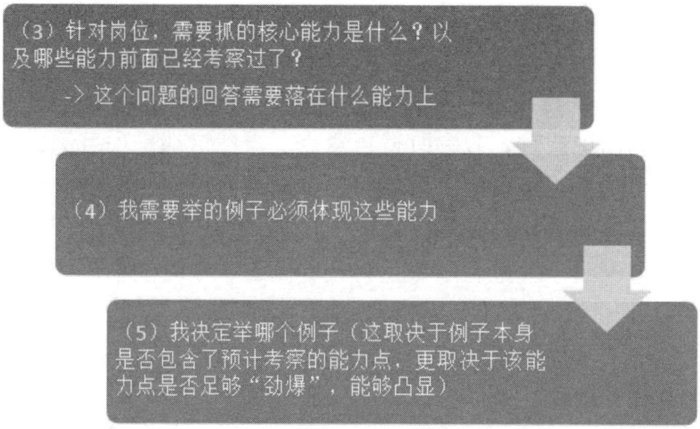

c. 总——分——总结构

总：论点，信奉的理论 / 原则 / 方法 / 态度等是什么？

分：论据，用举例说明的方法。

总：再次强调论点。

举例说明一下：

问：你运用什么样的管理方法？

答：我认为自己的管理方法主要是放权、指导、监督。

把每个人对应的任务都交代下去后，我就只会在约定完成的期限临近前去检查，而不会每天都问一遍进展如何，这是放权的做法，给予下属充分的信任，即相信他们可以做到；但布置任务的时候，我同样会告知他们如果出了什么问题是无法解决的，要第一时间告知我，我可以给予必要的指导、帮助、及时把问题处理掉，作为管理者自然要能够对下属有支持指导作用；若因为不及时通知产生不良后果，那么今后我的监督频率、力度都会提高，作为管理者，必要的监督是不可或缺的。

举个例子，最近在做的 XX 项目，我简历上也有写，这个项目不难，项目组成员一共两个。一个比较聪明，有点惰性；一个比较老实，依赖性比较强。所以我会根据他们的特点分配工作。如 A 项目比较有技术性、需要点创造力，就给聪明的那个，而 B 项目比较惯常，需要比较心细，就给老实的那个。聪明的那个，我监督频率会比老实的那个高些，一般固定一周两次，因为聪明人一般不习惯求助别人，万一真有问题被他拖延了就不好了。而老实的那个，但凡有问题都会找来，所以我设定的是一周一次。但根据经验，项目一般到xx、xx、xx环节比较容易出现问题，我会盯得再紧点。当然这都是项目例会以外的监督。目前项目运转正常。因为这两个同事资历都比较浅，所以平日里他们需要参加的培训我都会提醒他们去参加。我个人的一些经验也会和他们分享，一般是利用每月月底的周五中午时间和他们做交流，一般半小时。

总之，我通常就是根据个人的情况综合运用放权、指导和监督的方法去具体管理的。

按一小时的面试时间，求职者和面试官的7:3的黄金时间比例分配，大约40分钟的回答时间，扣除20%的时间用于客观信息问题（客观信息的问题不需要举例），以平均3分钟一个问题的速度，可以回答10个左右的主观信息问题，这也是通常一个面试的问题量。所以，不用担心举例说明会拖沓面试节奏和耽搁面试时间。相反，需要担心的是一时举不了例子或举错例子或语言组织很糟糕造成尴尬。

只有事先准备充分，才能保证临场面试时总是能以“我”开头，针对面试官的意图，提供符合“STAR法则”的例子，并用清晰的总——分——总结构表述思路。

47. 如何回答关于对应聘企业了解的问题？

可以从企业和职位这两个层面说明：

(1) 企业层面

可以从网络（如官网、新闻报道）、熟人、猎头等渠道了解如下信息：

- 规模
- 业务（产品、服务是什么，竞争力如何）
- 文化
- 组织结构
- 领导层

企业层面的信息多属于记忆性信息。虽然面试官提问时也会涉及个人的一些观点、看法，比如“你对我们企业的愿景怎么看？”，但是这类问题从根本上讲，还是建立在求职者对于在信息点（如企业愿景）记忆的基础上的。见解一般没有对错，关键是能“自圆其说”。一般，秉承中庸之道、不走极端，不会出问题。

(2) 职位层面

可以从岗位说明书、熟人、猎头、面试官等渠道了解如下信息：

- 所属部门
- 部门规模
- 汇报线
- 设置原因
- 工作职责
- 工作挑战
- 人际关系

举例说明：

求职者应聘一家企业的公关部门，通过岗位说明书知道汇报线是公关部门的负责人即公关总监。求职者想了解这位总监的具体情况，可以有如下做法：

● 在官网搜索这位总监的名字。若没有，则可以利用搜索引擎去搜索关键词“xx 公司公关总监”。搜索到名字后，就可以利用名字进一步搜索或询问此人相关信息。

● 也可以通过自己的人脉如朋友、同学或推荐职位的猎头等，打听一下职位的负责人的名字以及相关信息。

● 还可以直接问面试其的人事关于负责人的信息。“我从岗位说明书知道这个岗位是汇报给公关总监的，想事先了解下未来的汇报线，毕竟共事的人很重要。但可能总监过于低调，我通过自己的渠道打听了一下，没有收集到什么信息。您能方便为我介绍下吗？”

关于职位层面的信息，求职者应尽量事先弄清楚有关工作职责的信息；在此基础上，如果能事先了解有关的人事信息，那肯定属于锦上添花。如果不能，也完全可以在面试中，在恰当的时机再询问面试官。

48. 如何回答关于婚姻状况的问题？

婚姻状况包括未婚、已婚未育、已婚已育、离婚以及丧偶等。虽然婚姻状况属于个人隐私，但实际情况是我们在求职、跳槽的过程中却时常被问及。

在这几种状态中，已婚未育的女性求职者最容易受到歧视。很多企业会或明或暗地表态：只招聘已婚已育或未婚女性。随着国家的计划生育政策的放开，许多企业甚至还会担心已婚已育一胎的女性求职者再生二胎。面对无奈的现实，女性求职者跳槽时要尽可能选择合适的时机。如果在已婚未育的情况下选择跳槽，那么应该在面试时给企业方一个承诺：近期没有生育计划。毕竟，从企业方的角度考虑，招人是为了用人。但因为女员工何时怀孕生育并不是个人完全可控的，所以作者呼吁企业方应该给予适度的宽容。

受传统观念的影响，离婚的求职者或多或少会被歧视。作者建议，若非面试官逼问，这些求职者可以称自己没有在婚姻关系中。

企业方询问婚姻状况，虽然主观上是为了保护其自身的利益，但客观上由于其通过家庭情况评估了求职者和职位的匹配度，所以也可以间接地维护求职者的利益。所以，我们应该如实回答，避免造成彼此合适的假象。

总之，我们是来面试的求职者，不是来接受八卦周刊访谈的明星。如果觉得有问题超过了自己可以接受的度，那么就勇敢地说“不”。

49. 如何利用好面试官给的提问机会：“你有什么问题想问我 / 我们的吗？”

千万别仅仅回答一句：“我没有什么想问的。”

这只会让对方觉得，不管是对公司还是对职位，你对他们都没有充分的兴趣。其后果可想而知。

虽然求职者被赋予了问问题的机会，但是也不能问太多问题。一般 1~2 个问题为宜。

那么如何提问呢？作者就按面试官是企业高层、用人部门和人事部门三类分别建议如下：

(1) 面试官是企业高层

宁可不问，也不要错问。企业高层是指如副总裁、总经理之类的人物，并非指管理一个或几个部门的老板。向大老板们提问并非易事，要问题出彩很难，但要问得失败却很容易。

如果没有特别的准备，作者建议采用中庸之道的做法，回答“我想问的问题在之前的面试环节都得到了充分的解答，所以目前我暂时没有问题可以问您了。”若一定要提问，那么请尽量避免以下情况：

● 本身没有准备问题，为了问而问。（问题质量很难保证，因而容易出错。）

● 问题挑战度很高，如过于敏感、过于宏大。（这样的问题若询问不当，会让对方产生负面情绪，甚至造成负面影响。）

● 问题挑战度不高，但对时间的需求量很大。（大老板们的时间都非常有限，不适合让对方在短时间内即 1~2 分钟内作答的问题，最好不要问。）

● 问题挑战度不高，且是其下级人员可以回答的问题。（这样的问题不是显示你在浪费对方时间，就是显示你很没有水准，或者说对方的下属们很没有水准——他们不能回答本应该由他们回答的问题。）

如果求职者决心提问高层，那务必事先做足准备。

(2) 面试官是用人部门

提问和应聘职位相关的问题。

● 对职位有疑惑的问题可以问，但不能让对方觉得你是在给职位挑刺、找毛病。

问这类问题时，要注意遣词造句，否则，非但问题没问出个所以然，反而弄得“伤了感情”，“不欢而散”就得不偿失了。

举例：

i. 听说这个职位上的人流动率很高，是为什么呢？（错）

ii. 听说这个职位上的人流动率很高，我从职位描述上 / 从和猎头的沟通中 / 从和人事的沟通中略知一二，我觉得 XX，XX(e.g. 加班多，出差多）对我而言都不是问题，但想从您这边再了解一下，主要是想看看我是否的确适合这个职位。毕竟一旦选择了一个职位，我当然希望自己能够稳定地做。（对）

从以上例子可以看出，要点是求职者应当在提问中表明：其关心的是自己和职位是否匹配，其是抱着慎重的态度来求职的。正常情况下，只要求职者这样提问，对方总会以较为平和、客观的态度来回答提问，同时并不会产生对求职者的负面的印象，觉得其是在给自己难堪、找麻烦。

● 对职位的未来发展（个人发展）可以问，但不能让对方觉得你好高骛远，对目前的职位并不在意。

举例：

i. 我如果拿到这个职位，并且在这个职位上表现好，未来的发展空间会是如何的？/会有哪些发展路径？（对）

ii. 我如果拿到这个职位，并且在这个职位上表现好，最早何时可以得到提拔？/未来三年内会有机会得到提拔吗？（错）

从以上例子可以看出，求职者询问关于发展的问题时需要学会：

● 问题问得宽泛、笼统更妥，因为留给对方的发挥空间更大，同时也不会让对方觉得，你所指的“发展”只是狭隘的职务提拔。

● 年限上不要有预设定。一方面，每个公司对员工的培养、发展速度的设定是不同的，有的公司1年就可以提拔人，有的公司至少5年才会提拔人。另一方面，面试官的风格不尽相同，有的面试官喜欢激进派，而有的面试官则喜欢保守派，其个人所给出的时间年限并不具有参考性。

(3) 面试官是人事部门

提问和应聘企业相关的问题，针对不同职能的人事需要问不同的问题。

①共同性问题

● 培训制度；

● 福利制度；

● 企业文化。

②针对负责招聘的人事（通常简称“招聘”，Recruiter)

● 应聘职位相关的基础问题：如部门规模、职位设置的原因、职位薪酬范围；

● 不适合询问应聘部门的相关问题：如汇报线的背景、风格；

● 组织机构的目前设置。

③针对负责业务的人事（就是所谓的“人力资源业务伙伴”，HR Business Partner)

● 员工保留和发展；
● 业务情况；
● 组织机构的未来发展。

若已经到了后几轮面试，又的确没有问题可问，可以还是如前述，给出中庸的回答：“我想问的问题在之前的面试环节都得到了充分的解答，所以目前我暂时没有问题可以问您了。”

总之，作者认为要把握好这类问题的机会，关键要让你的问题满足两点：对方愿意回答、对方能够回答。

50. 面试究竟考察什么？

“什么样的人，您会毫不犹豫地录用？”

对于这个问题，作者琢磨出的答案是：“有加入我们的强烈意愿，对我们企业有深刻的认知和了解；工作能力足以胜任所应聘的职位（或有巨大潜力可以在短期内被培养成足以胜任的人），且具有潜力可以被继续培养；人的风格、气场和我们企业的总体风格、气场一致；有品牌、文化、价值观等的认同感，这样将来才能产生归属感，并稳定地在我们企业里发展；当然提出的薪酬期望必须是我们能够满足的。”

换句话说就是五个维度：动机、工作能力、风格、稳定性和薪酬。

动机、薪酬、工作能力、风格都是固有的概念，此处取本义，就不再赘言了。

单独说明一下稳定性。稳定性可以通过一个人在一家企业工作时间长短的情况来衡量。工作时间长则稳定性高，工作时间短则稳定性低。对于稳定性的评价没有一套放之四海而皆准的标准，而是各企业、各用人部门自行评价。

五个维度的关系如下图所示：

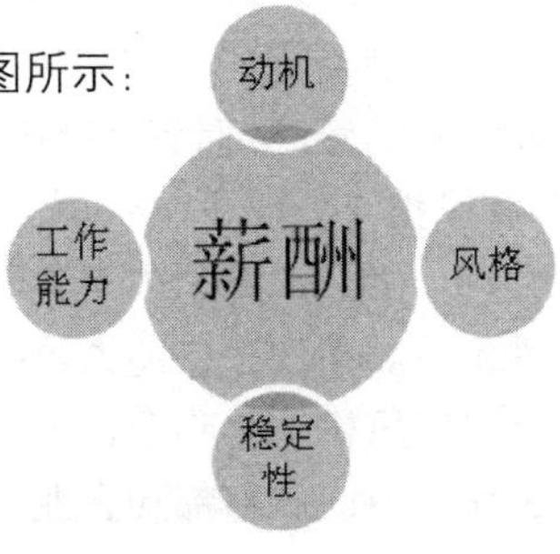

为了方便大家记忆和理解，编了一句比较俗气的顺口溜："薪酬在中间，道义放两边，你问我动机，我问你风格。"

具体解释如下：

(1) 薪酬

把薪酬列在中间，并非是想说明薪酬是最重要的考察点，而是因为薪酬维度有其特殊性：这是五个维度中，唯一既需要企业向求职者索取信息，又需要企业向求职者提供信息的维度。

此外，薪酬对其他四个维度都有一定的影响。因为：

①薪酬的高低会影响求职者的动机强弱以及未来的稳定性好坏，即薪酬可以改变求职者的动机和稳定性（所以图示的动机、稳定性所在的圆与薪酬所在的圆分别有重叠的部分）。

②虽然不同的薪酬会吸引工作能力和风格各异的求职者前来应聘（当然还有能造成影响的其他因素如企业文化、业内口碑、业务状况等），但薪酬本身改变不了求职者的工作能力和风格（如图示，工作能力、风格所在的圆与薪酬所在的圆只是相切）。

虽然薪酬往往拥有"一票否决"的能力，但作者始终希望，企业和求职者都能够做充分的综合评估，尽可能避免单纯地因为薪酬而错过对方。

(2) 稳定性和动机

虽然求职者过往每段跳槽经历的动机和伴随其后的工作经历之间没有必然联系，但面试官往往还是会基于经验，试图从中找出求职者稳定性的判据，并以此推断其未来的可能表现。

过去的经历是既成的事实。如果事实不够"美好"，那求职者只能尽量把事实以正面积极的方式传递（具体方法可参考本章问题44）。

无论过去如何，只要当前的求职动机是可以充分发挥的，当前职位又的确是自己心仪的机会，求职者就都应该直抒胸襟，"大胆表白"。

(3) 工作能力和风格

企业招聘人才时，如果工作能力是其看重的硬性条件，那么风格就是其在乎的软性条件。即使工作能力再强，风格格格不入者也不会应聘成功；反之，虽然风格非常吻合，但工作能力太过糟糕者也不会成功入职。只有工作能力、风格都和企业"合拍"的求职者才可能跳槽成功。

虽然一些技能可以通过培训而习得或提高，但整体的工作能力是综合性的，不是短时间内可以迅速提高的。而一个成年人的风格也基本是定型的，非一朝一夕可以改变的。认识到工作能力和风格具有稳定性以后，求职者大可不必“临时抱佛脚”，只需要在应聘时注意两点：一是从工作能力评价自己和职位的匹配度时要实事求是，不要“眼高手低”；二是面试时表现的风格要与企业文化匹配，比如不要和内资企业的面试官“洋腔洋调”地冒英文单词，也不要和外资企业的面试官“称兄道弟”地显示江湖义气。

总之，求职者清楚了解了动机、工作能力、风格、稳定性和薪酬等五个维度后，准备面试时将更有的放矢。

51. 获得优秀的面试表现需要具备什么？

为了获得优秀的面试表现，作者建议求职者要注意如下几点：

● 自信，抗压、抗挫的心态：

因为有的面试官会非常强势，甚至运用压力面试的方法，另外有的求职机会本身就属于“跳一跳，采到果子”的情况，所以求职者即使有的问题回答不够理想，也要始终保持自信，积极地应对，而不能因受挫受压而心态失衡，心情低落导致“节节败退”。

● 换位思考的思维方式：

无论被问什么问题，都希望求职者能够换位思考一下。换位思考后，答案或许会有所不同。而且一旦求职者能够站在面试者的立场上思考问题，往往就能明白对方想要的是什么，所得的答案将更有针对性。

● 良好的沟通能力：

①无论对方的专业度、表达能力如何，求职者自身要具备良好的倾听力：

大部分面试官并未受过如何面试的专业培训。平心而论，有些面试官自身的专业度、表达能力甚至还不如求职者。但即使如此，求职者也要表现出起码的对人的尊重与耐心。

②听明白问题是什么，并且能抓住重点的理解力：

很多人急于表现，甚至没有听明白问题就草草作答。求职者必须明白，一旦对面试问题的理解出现偏差，就容易出现答非所问或冗长无序的回答，在面试中表现为无用功。

③能够反映逻辑性、条理性的简洁、扼要的语言表达力：

表达能力是为了让对方理解自己在说什么的能力。

④积极、平和、语音适量的语言表现力：

很多人都忽视了语言表现力的作用。殊不知，一个缺乏抑扬顿挫的声音是会让面试官昏昏欲睡的；一个毫无温度，让人感受不到热情的声音是会让面试官怀疑其对机会兴趣不大的；一个像蚊子叫一般的声音是会让面试官怀疑其自信心不足的；一个一遇挑战就语调失衡、节奏变调的声音是会让面试官觉得其抗压性不够的。

● 让人舒服的外在形象和礼貌优雅的行为举止，即得体的服饰、仪容仪表和礼仪：

美貌是天生的（整容的例外），但是人人都可以努力保持外表的干净整洁，并搭配以赏心悦目的服饰；贵族是世袭的，但得体的礼仪是人人可以学习的。

52. 面试的服饰、仪容仪表、礼仪如何准备？

(1) 服饰

● 服装：

面试一般应着正装。颜色以黑、蓝、灰最为保险，并且全身上下不能超过三种颜色。

当然，不同的行业和企业文化对于着装的要求会有不同。例如，循规蹈矩的银行和时尚杂志社对着装的要求显然是不同的。求职者应当根据所应聘的行业、企业的实际情况，慎重选择合适的服装。

服装无须追求名牌、簇新，但是必须追求干净整洁、大小合身、面料质地没有廉价感、做工精细、上身后能让人感觉有精神气。

● 配饰：

配饰包括鞋袜、包、围巾、手套、帽子、腰带、手表、手机、饰品（发饰、项饰、手饰、戒指）等。

根据搭配原则，配饰和服装要搭调。最关键的是色调要和谐，并且身上的纯装饰性饰品不要超过三样。

(2) 仪容仪表

● 面容：

女性：化淡妆，切忌浓妆。面试日韩企业，必须化妆。

男性：胡须要剃干净。

● 指甲：指甲要修剪整齐，缝隙中不要藏污纳垢。女性做的美甲颜色和图案也尽量符合大众审美。建议只做单色，宜选用符合自身年龄层、让人感觉舒服且和服饰搭调的颜色。

● 头发：

发型：建议采用中规中矩、适合自己脸型的发型。特殊造型只适用于时尚业等追求个性的行业。

染发：建议不要染发，如果要染也不要用过于夸张的发色。若染后的头发已经发生色变、产生色差，则必须在面试前重新染过。

长度：因为虽然如今流行中性美，但大多数企业还是较为传统的，所以建议头发的长度符合性别特征。

● 整体形象（仪表）

虽然我们不可能个个都修炼出名媛绅士的气质，但通过平日里多加注意，相信还是能给人带来舒服的感觉的。

好的开始是成功的一半。有研究表明，陌生人之间的第一印象非常重要。得体的外在形象（服饰、仪容仪表）必定会为第一印象加分，进而为面试加分。

(3) 礼仪

● 礼貌用语：多用“您”“谢谢”“抱歉”“好的”等词汇。

● 站姿：不求站如松，但也不能给人感觉吊儿郎当、流里流气。

● 坐姿：不求坐如钟，但也不能给人感觉瘫在椅子上。尤其不能跷二郎腿，抖脚。

● 走路：不求昂首阔步，但要挺胸抬头，女性尽可能体现优雅，男性尽可能体现风度。

● 眼神：眼睛要看着对方，注意眼神交流。不能“目中无人”“举头望月”“低头找钱”。

● 握手：若需要握手，上下三次，不可过多；幅度、力度都要适中；

不可握得太紧，尤其异性之间。

● 递名片：对方给予名片，要双手接过，端详后放在桌上，离开时收入自己的名片夹。给予对方名片，要双手递过去。通常若对方即面试官没有递名片，则求职者也无需递名片，避免不必要的尴尬。若沟通得非常愉快，可以在接近面试结束时，递出自己的名片或索要对方的名片，但此种做法并非通常做法，应慎用。

● 手机：最好关机，实在不行调成静音、振动。除非有特别紧急的事务，否则不建议在面试期间外出接电话。如果一定要接电话，那也必须先询问面试方，在得到允许后才能离开，接电话的时间不能耽搁太久（通常5分钟以内）。

如果要面试日企有较强文化特点的企业，求职者务必要对其文化背景作初步了解，了解基于文化差异的特别事项。总之，礼多人不嫌。

53. 面试的时间、地点安排

(1) 时间安排

①预约面试安排：当企业人事或猎头需要求职者提供方便面试的若干个时间段时，建议求职者尽早确认，并告知对方未来2周内合适的时间段。

②约定面试安排：当企业人事或猎头直接给出面试的时间要求时，一般会有三种情况：

i. 若当时求职者并不知道该时间自己是否方便，务必表示会尽早确认，并且许诺招聘方一个你会告知其的最晚时间。

你可以这么回复："最晚我会在明天下班前确认这个时间我是否可以来面试。若万一到时我还没有联系您，望您及时联系一下我。谢谢。"

ii. 若接到通知后，发现这一时间不方便，则求职者要主动提供自己未来尽早的方便的时间段给面试方。即使一时不能提供，求职者也应尽快告知对方可以再次约时间的节点。

你可以这样回复："不好意思，这个时间我刚巧在出差，肯定无法前来面试。目前看来，最早我要下周三之后可以参加面试。"

"不好意思，这个时间我确认下来是有个很重要的会议要参加，脱不了身。现在我还确定不了之后方便的时间段，因为我老板这两天休假了。我争取最晚周四中午前给您回复，确认方便参加面试的时间段。抱歉啊。”

“我确认了，未来两周，我都是周三到周五的下午比较方便前来面试。等您那边的消息了。”

iii. 若当时求职者确认是可行的面试时间，但临时有突发状况而不能去面试了，则应主动联系面试方说明情况，并提供自己之后尽早的方便的时间段给对方。

你可以这么回复："非常抱歉，公司临时加了一个重要的会议任务给我，而我是主持人，之前约定的面试时间得改期了。麻烦您和部门/面试官打个招呼，我目前确认的可以参加面试的时间段是xxx，总之我等你们的安排。不好意思给您添麻烦了。”

③无面试安排：此处指的是企业人事或猎头告知会有面试安排，但一直没有与求职者约定面试的时间。

建议求职者和对方（人事或猎头）保持动态的联系，定期告知其自己方便面试的时间段。若一直是和猎头联系的，必要时求职者应设法联系企业人事，以争取得到确切真实的信息。同时，求职者还可以通过业内人脉，再打听一下这个职位是否还在招聘，或存在什么问题，以免白白浪费时间。

总之，面试安排考验的是求职者和招聘方的配合度，最能反映双方各自协调事务方面的专业度。不管对应聘职位的意愿是否强烈，求职者都应该积极配合面试安排，方能表现良好的职业素养。即使过程中有些不顺畅或不如意，建议求职者也要尽量做到换位思考、理解招聘方的难处，并且始终保持积极良好的心态。

(2) 地点安排

● 本地安排

有了百度地图、高德地图一类的工具后，求职者要事先查好合适的路线，预计路程所需时间已经变成非常容易的事了。需要提醒的只有三点：

i. 把堵车情况考虑在内（除非选择的交通工具是地铁）；

ii. 把天气情况考虑在内（恶劣天气会影响开车的速度）；

iii. 不要盲目相信导航软件（工具总有出错的时候）。

因此，最老土但保险的做法就是事先亲自去一趟。客观说，一些城市CBD的写字楼的确不好找，比如上海的陆家嘴地带，经常是远远看到某幢楼就在眼前了，走近了却发现因为道路的限制，还要绕一个大弯才能到达。

● 异地安排

i. 企业订票：

求职者应把自己的中文名字、身份证号码等及时准确地提交给对方。若对方让你自己决定所乘航班、车次，那么也请求职者及早回复对方，不要耽搁订票事宜。

ii. 自己订票：

务必确认时间不会更改后再订票；务必确认可订何等价位的票。

因为有些企业的面试交通费报销是有额度规定的，而有些企业是根本不承担费用的，事先都要问明情况。

关于交通工具选择及相关方面的小贴士：

● 有选择余地时，建议选择大的航空公司，相对安全。

● 飞机误点率普遍较高，请预留充足的时间。

● 高铁可以到达的地方，建议选择高铁。

● 可以自驾也可以坐车到达的地方，建议坐车，自驾相对辛苦，求职者应省点力气用于面试。

最后，当求职者到达目的地的机场、火车站、汽车站后，可以参照此前所述的本地安排，做好准备。

本章小结：

正所谓不打无准备的仗，面试准备是非常重要的。就好比一个人去相亲，若重视那个对象，必然会将自己精心打扮一番，也会琢磨下聊天的话题，温习对方的信息资料，查好约会地点的路线、天气情况等。总之，相亲前零零总总要准备的事宜和面试一个职场机会几乎无异。虽然本章关于面试的常见问题给了些解答，但实事求是地说，要想真正做好一个面试辅导，必须一对一。因为在准备面试这点上，没有一本“武林秘籍”可以让人“打遍天下无敌手”。

第十章

约出来见见之兵来将挡——面试问题应答

54. 如何应对不同面试风格的面试官？

面试官的风格虽然各有千秋，但按被面试者的感受，作者认为面试官只有两种：一种给人的感觉是舒服型 / 友好型 (comfortable/nice)，一种给人的感觉是不舒服型 / 强硬型 (uncomfortable/tough)。

由于面试中双方通过交流而产生感受，在感受的同时做分析、判断、评估，因而同样的面试官给不同的被面试者的感受很可能会不同；同样地，同一个被面试者给不同的面试官的感受也很可能不同。所以才有面试靠“眼缘”一说，即看得顺眼了，风格对路了，聊得也就尽兴了。

平心而论，同样的问题、同样的提法、同样的态度，可能在有的人眼中属于没有被冒犯的问题，但在有的人眼中就属于被冒犯的问题了。所以作者觉得按每个人的感受来分类，再说明两种感受的应对策略会更有针对性。

(1) 感觉舒服型 / 友好型

若面试官给求职者的感受是舒服的、友好的、平易近人的或和蔼可亲的，那么需要注意：不要轻敌、不要冒犯。

● 不要轻敌：不要放弃你应有的专业度

不能因为你非常适应面试官的风格，感觉很自然亲切而忘记了你是被面试（被考察、被盘问）的身份。有的面试者在这种情况下会把面试彻底当闲谈，把该说的和不该说的都说了，相关的不相关的都讲了。“我就和你直说了吧，我离开那家公司就是因为看我们领导不爽。”“我再和你说说……吧。”如果那样做，即使面试时你如沐春风，自我感觉如行云流水一般，但你的面试反馈通常会与你设想的背道而驰。

● 不要冒犯：不要抛弃你应有的态度

不能因为面试官看起来的年纪比你小，或提的问题“小儿科”，同时其态度非常友好而让你不自觉地有种居高临下的“导师”姿态了。“这个问题做我们这块的都知道的。”“可能你们 HR 是不太懂业务的。我来说说吧。”虽然可能你回答得很专业，态度也是挺友好的，但没准你就“伤害”了面试官的感情、自尊心。而更多的情况是你虽然没有“伤害”面试官的感情，但被面试官判断为自以为是、不够谦虚了。请记住：不管面试官以什么姿态来提问，我们被面试者都应该在心里设定面试官是知道答案的。即使其真不知道，也不需要你的“评头论足”。

(2) 感觉不舒服型 / 强硬型

若面试官给你的感觉是咄咄逼人、居高临下的，提的问题不管尖锐与否，都让被面试者因为感觉自己的答案总有欠缺而非常压抑的话，那么求职者需要提醒自己注意：不要怀疑，不要敌对。

● 不要怀疑：保持对自己的信任

有的面试官喜欢采用尖锐、步步紧逼的提问方式。这类面试官往往有着非常有威慑力的口吻、没有笑意的脸和浑身上下强大到令人窒息的气场。这时，千万别误以为自己的每个问题都回答得很糟糕。要知道，一旦你的自信心彻底被击溃，面试官就会觉察出你的沮丧情绪在蔓延；如果你还胡乱作答、草草收场，那么你很可能会因为心理素质不过关而被淘汰，而非你以为的某些问题没有回答好。要知道，一方面有些职位的工作压力、受挫几率都是很高的；另一方面，有些公司的文化、整体的风格就是强硬激进的。这两种情况下，只有通过有压力的面试才能考察求职者是否能胜任。

● 不要敌对：保持对面试官的信任

当面试官的所有的提问都显示出对你的质疑时，或许你会心生不满。“既然觉得我不合适，为什么还要我来面试”的疑问会让你产生敌对情绪，从而或消极作答，或干脆正面拒绝。“我已经回答过关于为什么离开上家公司的原因了。”“我不认为这个问题和我今天来面试这个机会有什么必然的联系。”

其实不管被面试者的感受是舒服的还是不舒服的，我们都要意识到：面试官在面试中的风格未必是其为人风格，其提出的问题通常也不是要有意刁难你。他们也只是在履行自己的职责，把他们认为需要弄明白的问题都进行到底。所以，始终保持对面试官（对人）的善意的信任很重要。

虽然不可否认，有些面试官本身的沟通技巧、提问方式的确有待提高，但我们需要始终明白自己的目标是什么。若一个机会本身是值得争取的，我们就犯不着和某个面试官较劲，甚至起冲突。包容和理解无论在求职跳槽中，还是在任何其他方面，都是非常值得拥有的宝贵品质。

总之，一场面试就是一场考试。无论面试难度如何，求职者需要始终以积极的心态去应对、尽力答好每一个问题；无论面试官风格如何，努力在每一个面试官面前做到不卑不亢、有礼有节。

55. 如何应对意料之中的面试问题?

“意料之中”是指面试问题为事先有过准备的问题。事先有过准备的问题往往是面试常问问题，就问题本身而言在面试准备一章已经阐述过如何应对了。在此，作者提供针对以下几种状况的分析和建议：

(1) 部门就工作经历方面的问题问得很简单

通常情况是用人部门会对工作经历方面的问题（尤其是相关职位的经历）问得较为细致、深入。如果部门对这个本应是其最关心的问题问得简单的话，有如下几种可能：

● 部门已经从其他渠道如简历叙述、其他问题的回答确认被面试者工作能力可以胜任应聘职位，无需再作提问。

● 部门已经从其他渠道如简历叙述、其他问题的回答确认被面试者工作能力不能胜任应聘职位，没有必要再作提问。

● 部门习惯的面试方法是趋于看个人感觉，而非询问客观事实

如果被面试者不能确定自己处于以上哪种情况，那么可以在沟通氛围融洽的前提下，主动询问一下面试官，如："我想冒昧问一下，您对我的工作表现、项目经历等都没有展开询问，是对我没有兴趣吗？如果是的话，是为什么呢？"。

(2) 人事就工作经历方面的问题问得很详尽

通常人事对工作经历方面的问题是着眼于跳槽动机、离职原因方面。如果人事对具体业务方面的问题问得很细致、深入的话，有如下几种可能：

● 人事的面试风格如此

● 人事想通过被面试者，对招聘职位所涉及的业务领域有所学习

● 部门直接或间接地要求人事就业务方面把控严格，基于他们的要求，人事自然得询问详尽

同样的，被面试者可以主动询问一下面试官，如："我想冒昧问一下，您对我的工作表现、项目经历等问得如此详尽、如此专业，是否担心我的业务能力和应聘职位不够匹配？"

(3) 在被面试者回答完一个问题后，继续追问这个问题

作风严谨、思路缜密的面试官常常会追问自己的提问，主要是出于两种情况：

①其认为被面试者没有正面、充分地回答他的提问

例如：

问：你为什么想离开现公司？

答：我觉得在目前公司，我的发展空间有限。（回答不充分）

再问：为什么觉得发展空间有限？

答：我觉得贵公司的机会挺不错的。（没有正面回答）

再问：没有我们公司的这个机会，你就没有想过要离开现公司？现公司有没有什么令你不满意的方面？

②被面试者的回答激发了其思路，进一步提出相关的问题

例如：

问：你能说明下这个项目为什么能成功？

答：阐述了三个原因，其中包括和跨部门的大领导关系好，之所以关系好是因为这个大领导原先是自己的部门领导。

再问：那如果你和这个领导不是这层关系的话，是否这个项目就不会推动得那么顺利？或者说这个项目成功的最重要的原因是基于此？

答：可以这么认为。

再问：是否可以认为你举的这个成功项目的例子更多的是基于运气成分？

答：回答重点是如何说明不是靠运气，即如何强调最早说明的另外两个原因所起的作用。如果另外两个原因并不得当（被面试官看穿了，才有如今的这个问题），是否能提出更直接的原因来说明是通过个人努力取得的项目成功。

如果发生过情况①，希望被面试者今后能避免类似的情况发生，尽可能作答充分、直面问题。如果让面试官再三引导、追问，那么其有充分理由怀疑被面试者想蒙混过关，或者对问题的理解能力太差。不管哪种情况，面试反馈都不会令人满意。

情况②更为常见。需要被面试者认真思考的一系列重要问题：如何让面试官的提问跟着你的思路走？如何避免掉入面试官设的“陷阱”？如何引导面试官把注意力转移到自己的长处？这些都需要事先做足功课，平日多加思考。简言之，面试经验丰富、专业度高的面试官的问题往往是丝丝入扣、步步为营的，你的回答也同样需要如此。

(4) 同一个问题在面试过程中用不同的方式前后提问了不下两次

无论是什么问题，属于什么领域，出现这种情况都说明：面试官对被面试者的回答存有顾虑 (concern) 或者不确信，想根据前后回答是否一致来判断回答的可信度并抱有“若不一致，必有隐情”的心态。

例如：

问：你为什么离开现在的公司？

答：在这里做了五年了，没有晋升机会。

问：你前面提到在 XX 公司工作了三年，公司给你提拔了，你还是选择离开了，这是为什么？

问：如果做这个职位，你自己期望的发展速度是如何的？

问：你会如何评价目前公司的汇报线？

上述例子说明面试官在关注两个信息：①目前公司的离职原因究竟是什么；②被面试者会选择离开一家公司的最重要的原因是否是发展速度。

总之，即使面试中遇到的都是意料之中的问题，也千万不可轻敌大意，相反要更加谨慎小心地应对。好比高考，若一年的考卷容易些，那么那年的分数线自然就会拉得高些。对应到面试，通常一个职位就录用一人，两人的“分数”差距可能就是 1 分、2 分定胜负；若两人的“分数”旗鼓相当，那么能比拼的就是问题回答以外的细节了（对此，前面第九章面试准备中有详细阐述）。

56. 如何应对意料之外的面试问题？

“意料之外”是指：a. 面试前完全没有准备过的问题；b. 虽然准备过但准备不充分的问题。形象化的说法就是让被面试者心理“咯噔”一下的问题，快速思索后依旧不知如何作答只能“硬着头皮”作答的问题。在此，作者针对以下两种常见状况，提出个人的分析和建议：

(1) 与应聘职位相关的业务问题

跳槽者往往希望新职位有新的内容可做、有新的技能可学、有新的空间可发展，而非到另一家企业继续做一模一样的工作。在这种跳槽背景下，面试官的问题就有可能涉及被面试者没有接触过或接触过但不熟悉的业务领域。

①没有接触过的业务

面试官需要考察你的认知水平。若你有一定的认知、了解，那么就能过关。

②接触过但不熟悉的业务

面试官需要考察你的学习能力。当得知你接触过某块业务后，面试官将根据你接触该业务的时间长短、接触到的难易度和你的实际表现来判断你的学习能力。

无论情况①或②，你若应聘一个职位，知道某块业务是你一旦应聘成功，今后必定会涉及的业务，那么无论难度如何，你都要尽量事先“临时抱佛脚”，做力所能及的准备。当然，正所谓“工夫在平时”，求职者更应当在平日里就有意识地加强学习，及时补充和自己工作相关领域所需的知识、技能。即使不能完全掌握，求职者也一定要有所知道，切忌两眼只盯着自己的“一亩三分地”，以免到了面试时，遇到问题只有干瞪眼的份。

(2) 工作经历方面相关的非业务问题

面试官有时候不但会考察招聘职位所需的能力，也会考察超过招聘职位范畴的能力（或曰潜能）。其目的无非是考察被面试者的视野、创造性思维能力、逻辑分析能力、学习能力等。换句话说，面试官期待的并非是问题本身的所谓正确答案，而是被面试者能否通过自己的努力做出答案。若求职者的回答能让面试官觉得有理，甚至超出了他的预期，那么就是不失为一个好的回答。

例如：

- 你认为全国应该有多少个加油站?
- 下水道井盖为什么是圆的呢？
- 能被225整除的由所有的1和0组成的数字是什么?

这类问题很难事先准备，当场挑战的难度极大。不过各位求职者也不要因为答不好这类问题而自怨自艾，因为跳槽本来就是双向选择，合适的才是好的，毕竟不是人人都要去谷歌、苹果这类公司。但我们也不能认为只有500强企业才会问这类“烧脑”问题，这完全由公司文化甚至面试官喜好决定。一旦遭遇这类问题，建议还是尽力而为，不要直接放弃。至少我们可以体现“Have a Try ”（试一试）、“Never Give Up”（永不放弃）的精神。当然平时多多训练自己的大脑肯定没有坏处。

57. 如何应对不按常理出牌的面试官?

前述问题54、55讨论的内容都还是按常理出牌的面试官的问题。但并非所有的面试都会按部就班。一些有个性的面试官会问些很少会被问到的问题，甚至整场面试的问题都是如此。对此，作者的建议是面试现场要做自己，平时要增阅历、会思考。

(1) 做自己

当一个面试官想了解你真正是个什么样的人，具备哪些品质、能力、个性特征时，他确实不需要问与工作经历相关的问题。相反地，一些看似不着边际的问题反而会让其“看到”更真实的你，也可以让其避免被你事先预备好的“自我包装”所蒙蔽。比如一个企业就是想要招聘有趣的人，你是否有趣才是面试官真正关心的。

总有些企业会更关心人本身的才能而非人的相关经验，这些企业的面试官通常会不按常理出牌，他们对人才的需求有各自的个性化定义。

不按常理出牌的问题例如：

- 在你成长的过程中谁对你的影响最大？
- 你最近一次哭是为了什么？
- 你有喜欢的作家吗？你最喜欢他的哪部作品？
- 你有亲手制作过什么吗？
- 如果超人工智能出现，你觉得人类的未来会是如何的？
- 你觉得做菜和编程是一回事吗？

总之，对此类问题的回答，关键就是做自己，回答自己真实的想法。若双方合适，皆大欢喜；若双方不合适，好聚好散。和相亲一样，若是为了投对方所好而把自己伪装成另一个人，早晚会穿帮，而且互相不适合的人在一起是不会有好结局的。

(2) 增阅历、会思考

不按常理出牌的问题往往是涉及个性特征、成长经历、个人三观（人生观、世界观、价值观）等常见问题中不会关注或涉及的领域。求职者要应对这类问题，平日里自然需要增加阅历，善于总结经验，多挖掘、培养自己的兴趣爱好。要想面试时有谈资、有见地，就得先成为会思考、有深度的人。

其实不管是为了跳槽去面试，还是为了创业去拉风投，读者都需要了解：人际交往的成功开始于沟通的顺畅，而沟通的顺畅取决于眼界的匹配，而要有一个开阔的眼界，就必须打造一颗有阅历的心和一个会思考的脑。

58. 如何应对人事部门的面试?

人事部门的面试指:人事部门作为非直接的用人部门,给用人部门招聘人才所做的面试。

通常参与面试的人事有两种:(1)负责招聘的人事;(2)负责业务的人事。通常的面试流程有三种:(1)人事→部门;(2)部门→人事;(3)人事→部门→人事。

一般,根据招聘职位的级别高低以及企业招聘流程的需要,参与面试的人事级别可以从招聘专员、业务专员一直到人事部负责人(即人事总监等)。

先做个概念说明:负责业务的人事是指人力资源业务伙伴(HR Business Partner,简称HRBP)。企业设置该人事团队的目的在于:和业务部门建立和保持更紧密的联系。企业通过设立这一团队,可以让人事部门更多地了解企业的实际业务运作,以便人事部门在企业运作中发挥更大的作用。一般此类团队通常比常规的人事团队(如负责招聘、薪酬、培训的团队)在企业中的话语权要大。

随后,针对参与面试的人员构成和流程分别给出分析和建议:

(1) 面试的人员构成

a. 按类别:负责招聘的人事和负责业务的人事

相同点:两者都会问常问的面试问题。

区别:通常而言,负责招聘的人事更关注被面试者对于目前职位的适合度,而负责业务的人事更关注被面试者的发展潜能;负责业务的人事对业务层面的问题提问往往会比招聘的人事更深入。简单说负责招聘的人事微观层面的问题考察得多些,负责业务的人事宏观层面的问题考察得多些。

当然以上所说只是泛泛而谈,实际中必须具体情况具体分析。因为即使每家企业都设立了负责业务的人事团队,该团队在运营中的角色定位、人员配置等也不可能完全一样。另外,因为有的企业是招聘团队主导招聘事务,而另一些企业则是业务团队主导招聘事务,所以其面试流程会有所不同。被面试者能做的就是尽力回答好每个问题,尤其是回答好对方最可能关心的问题,即所谓的“核心关注点”。对于人事来说，动机、薪酬、稳定性永远都是重要的。

b. 按级别分：级别低的人事和级别高的人事

这里的高低是相对而言的。例如终面由招聘经理负责，那么其就属于级别高的人事；而如果终面由亚太区的人事总监负责，那么参与前几轮面试的招聘经理都属于级别低的人事。

无论求职者是从级别低的人事往级别高的人事面试还是相反，也无论他们各自的专业度、风格如何，都应慎重对待，不能因为某一轮是俗称的“走过场”而掉以轻心，因为很多企业还是有不成文的“一票否决”的制度。换句话说，面试要成功，就必须做到即使不能让每个级别的面试官都喜欢你，也要避免出现任何一个讨厌你的人。

(2) 面试的流程

①人事→部门

这是最常见的面试流程：先由人事面试，再将筛选好的人才递交给部门做面试。基于这种流程，被面试者需要做的就是务必先通过人事关。

②部门→人事

这种面试流程是指：人事将收集到的简历先递交给部门，由部门筛选出可面试的对象，通过部门面试的对象再由人事面试。一般，在以下两种情况下会有这种流程：

i. 人事部门较弱；

ii. 招聘职位的专业性强，如研发部门的职位。

基于这种流程，被面试者需要做的就是务必让简历通过部门的“法眼”，特别是业务领域要写得专业。而面试时，求职者必须通过部门关，才能争取在后续的人事关正常发挥，并减小被拒绝的概率。

③人事→部门→人事

这种面试流程是指：先由人事面试，再将筛选好的人才递交给部门做面试，部门层层面试过后，最后一轮再由人事部门的高管面试。这种流程通常容易出现在跨国大企业中，且往往出现在人事部门在企业中比较有话语权的情况下。

基于这种流程，被面试者需要做的就是务必保持战斗力到最后，不要功亏一篑。

不管哪种面试流程，建议被面试者尽量事先多去了解面试官的情况（如背景经历、风格喜好等），争取在面试中取得事半功倍的效果。

59. 如何应对用人部门的面试？

用人部门的面试是指：发出招聘职位需求的部门所做的面试。当人事部门为自己招聘人才时，人事部门就是用人部门。

那么如何应对用人部门的面试呢？一言以蔽之，求职者需要抓住面试官的真正兴趣点所在。和每家企业人事部门几乎千篇一律地把核心关注放在动机、薪酬、稳定性上所不同，用人部门的核心关注点就五花八门了。

可能的核心关注点在本章前述问题中都有涉及，在此再总结如下：

- 和人事部门一样的关注点：动机、稳定性、薪酬
- 工作经历
- 工作能力
- 性格、风格
- 兴趣爱好
- 观点、眼界

……

核心关注点可能只有一个，也可能有多个。至于如何发现面试官的核心关注点，作者提供一个最简便的方法：看问题数量和所费时间。若一个维度里提问的问题数量或所花费的时间都超过其他领域，那么这个维度一定是面试官特别关注的。若单一问题耗费的时间超过了其他问题，那么这个问题一定也是面试官特别关心的。不管面试官关注的是一个“点”，还是 一个“面”，求职者都应特别注意应对，必要时甚至可以主动作深入说明和发挥。

60. 如何应对企业高层的面试？

问题57、58谈论了人事部门和用人部门的面试。而有些企业还会由企业高层来负责终面（最后一轮面试）。如果有这样的安排，那么对于职位最终的决定权就在企业高层手中了。求职者应对这类面试时需要怎样的技巧呢？

求职者都知道高层人士是把握全局、把握方向的人，通常需要其处理的都是宏观层面的问题。因此，他们处理招聘事务也不例外。要在高层面前发挥出色，作者总结了“五个体现”，分述如下：

● 体现真实的自我

高层都是阅人无数的“人精”。求职者与其装酷、装拽、装自信、装内涵，不如本色出演。

● 体现良好的品行

你言谈举止的一点一滴都能让高层揣摩出你的个人品行。比起能力，品行更重要，品行不佳的人，能力再强也往往不会被录用。试问谁会录用一个诚信有问题的人?

● 体现强烈的意愿

作为企业的高层管理者或企业的所有者，谁都期待招募到优秀人才。但因为谁都明白，最难培养的其实是感情，所以比优秀的业务能力更可贵、更能打动他们的是求职者诚心加入、对他们企业“情有独钟”的那股热情。

● 体现对企业的了解

如果求职者有很强烈的加入意愿，但对应聘企业的情况一问三不知，那么高层只能认为你不是意愿出问题就是能力出问题了。求职者对于应聘企业方方面面的情况，尤其是近况务必要多加了解。事实上，官网的信息通常都是够用的。

● 体现对行业的洞见

企业高层一般都会关注人才的潜力，或多或少地会询问一些宏观的问题，如行业的发展趋势、新技术的发展趋势、业务模式等。所以无论应聘职位的高低如何，面高层时，对任何问题尤其是宏观问题，求职者都应有自己的见解。

61. 如何应对一对一的面试形式?

一对一是最常见的面试形式：即一个面试官和一个被面试者进行交谈。

一对一面试的要点就是做到始终关注对方。除了关注对方的提问本身，更要关注对方的神态和形态。

(1) 神态

对方的面部表情如何？眼神如何？语气如何？语调如何？有发生什么变化吗？

(2) 形态

对方的肢体语言（如坐姿、手势）如何？有发生什么变化吗？

求职者可以通过观察到的细微变化、甚至是巨大变化来判断对方对自己的回答是否满意、产生了什么情绪反应。对于身形的这种观察力也可以称为直觉。有些被面试者的直觉就非常敏锐，有些则不然。作者推荐感兴趣的读者进一步阅读《情绪的解析》《解读面孔》《FBI教你破解身体语言》等书。当然尽信书，则不如无书，千万不要盲目地照搬照抄。

62. 如何应对一对多的面试形式？

一对多的面试形式是指：一个被面试者和多个面试官进行交流。除了企业人事会为了构造“压力面试”而采用这种形式以外，一些大企业出于缩短面试周期、简化面试流程的目的，也会采用这种形式，并且会让一个部门多层级的人员，或多个部门的人员一同参加这轮面试。

一对多面试的要点有两点：

(1) 找出决策者

● 求职者最好能事先问询出决策者是谁、是什么职务，并事先通过网络搜到决策者的照片，这样到了现场就可以迅速“锚准”决策者。如果不能，那么到了面试场地以后，求职者也应试着通过观察面试官们打招呼时所体现的尊卑主次来找到决策者。

● 如果求职者进入现场时，所有面试官均已就位，则可以通过座位安排来判断决策者。一般，坐在最中间的或其左右手的人是决策者。

● 如果求职者还是无法感觉出谁是决策者，那么可以在面试开始后根据提问的数量来判断决策者。一般提问最多的或次多的人是决策者或次要决策者，其他只问一两个问题或根本没有问问题的人都是参与者。

● 当由人事带领去会议室时，因为人事是比较好说话 (nice) 的人，所以求职者不妨在去的路上请求人事到了面试场地后，给个眼神暗示决策者是哪位。

(2) 把 70% 左右的精力放在决策者身上，其余 30% 左右的精力放在其他人身上

求职者除了注意问题 61 中所提到的注意观察面试者的神形，努力回答好每个问题外，还应按照 7 ：3 比例分配好与面试官们眼神交流的频率，即大部分时间注视决策者，其他时间则保持与各位面试官的眼神交流。

63. 如何应对群面的面试形式？

虽然群面的面试形式多数被运用在管理培训生招募的项目中，但一些大企业也会将此方式用在有工作经历的求职者身上。这种面试形式是指：多个面试官和多个被面试者一同参与一场交流。

群面最常见的形式是小组讨论：即先由面试官们给出一个话题 (topic)，再让所有被面试者分组进行限时讨论 (group discussion)，最后让每组派一个代表上台做演讲 (presentation)。面试官们在此过程中对每位被面试者分别打分。

关于群面，网上有很多面经，作者想给出的建议只有三条：

(1) 先把自己放对位置，然后做最好且最真实的自己

求职者需要明白：不是人人都适合做 leader，也不是各个职位都需要 leader 类型的人才。求职者只有把自己放在合适的位置上，才能扮演好在组内讨论时的角色，也才能表现出自己的真实实力和特点、特长

(2) 讨论必须对事不对人

讨论中，采用人身攻击是最不可取的方法。因为工作的目的本来就是处理问题、解决问题，所以求职者在面试时就应表现出一切以问题为导向的思维方式。

(3) 有自己的观点且能坚持正确的部分，并能够将自己的观点融入团队主流观点

● 对任何问题，求职者都应提出自己的观点，不要附和，也不

要沉默。

● 面对他人的质疑时，求职者既不要盲目坚持一己之见，也不要轻易放弃好不容易形成的观点。求职者应采纳他人批评里的合理之处，在剔除自己观点不合理的部分后，继续坚持自己观点中合理的部分。

● 当自己的观点和团队的主流观点不同时，若无法劝服多数人服从你，求职者就要设法将自己的观点融入团队主流观点，而不能因为心里不服而消极“怠工”，甚至和其他人“唱反调”，以免影响团队的整体评分。

企业采用群面形式时，大多是为了选拔有领导力才能的人。如果求职者能表现出这样的才能，在这类面试中自然会占据优势。但即使在面试中表现优异，求职者也不要沾沾自喜，因为真正的领导才能牵涉到很多的能力、素质，如果求职者真的想做一名好的领导者，那么必须在平时就应持续不断地培养、练习和提高这方面的能力。

64. 怎么应对笔试和上机测试?

有些企业的面试过程中会设置笔试和上机测试（电脑测试）环节，用于测试被面试者的：

(1) 专业能力

包括翻译、软件编程、软件画图、Office 软件应用等。

(2) 智力以及通用能力

通常的形式会有逻辑题、奥数题等，考过公务员的读者应该不会陌生。

(3) 性格和心理倾向

例如 MBTI 职业性格测试等。

应对的方法分两步：

第一步：事先获取测试的形式、类型、题型、时间、工具以及注意事项

可以询问负责招聘的人事或合作职位的猎头取得如下情报，包括：测试的形式（笔试、上机）、测试的类型（针对专业能力、通用能力、性格）、题型（单选、多选、自填答案）、每种测试类型的时限、是否

需要携带工具或使用指定的工具以及其他注意事项。

第二步：搜索类似题目，事先做练习。

如果时间上来得及准备，那么强烈建议求职者通过网络渠道搜索并练习一下类似的题目。相信只要有所准备，求职者就不容易因为心理紧张而导致发挥失常。撇开心理素质不谈，如果求职者能够提前熟悉下题型，研究出题的套路，总结出解题的思路，掌握了解题的技巧，那么必然会有较好的当场发挥。

65. 如何应对电话面试?

电话面试多被用于首轮筛选。也有企业因为有交通和时间成本方面的考虑，在前几轮面试时都采用电话面试。

电话面试分为两种情况：提前预约好时间的和没有提前预约好时间的电面。

(1) 预约好时间的电面

①常规：

● 保证手机电量充足。

● 提前找到安静、人少、信号强的场所等待电话。

②突发情况：

● 如果仍然出现通话效果不好的情况，及时与面试官说明并换地方继续。或建议面试官另约时间。

● 如果等待 15 分钟仍然没有接到电话。请及时和通知面试安排的人员（人事、猎头、面试官本人或助理）联系，视当下的情况，再做安排。

● 在临时有事如有会议不能接受电话面试的情况下，一定及时联系面试安排人员。

● 手机没电：一定记得及时回头联系，并和再次通话的对方道歉，一定要说明是因为某种特殊原因导致的没电。否则在预约好面试时间的情况下，会被怀疑态度有问题或者做事不细致。

(2) 没有预约好时间的电面

①常规：

● 一定要接起电话。因为一般即使没有预约好固定的时间，也往往会事先通知：如人事说“本周内您会接到负责职位的人事的电话面试。”，猎头说人事通知我这两天会给您去个电话聊一下。因此在预计的时间周期内，即使不方便，也要接起电话，另约时间。实在不能接听的情况下，尽早回拨。不过，因为很多企业的外拨号码只显示总机号而非直线的号码，所以建议求职者还是尽量接起电话而非选择回拨。

● 即使求职者正好方便接听，也一定要首先与对方确认需要多久的沟通时间。即使确定时间方便，求职者也应让对方稍等几分钟，以便移步接听。因为即使只是测试语言，或者只是包含了包括薪水询问在内的一些基本问题，一场电话面试也会持续10分钟左右，所以求职者必须移步，以免让同事们知道。如果所需时间较长，求职者确定时间不方便，那么还是与面试方另约时间为好。

②突发情况：

● 手机没电：一定记得及时回头联系，说明原因，并和再次通话的对方道歉。

● 所在位置有人经过：电话里不能突然沉默，一定要作说明，如“有人经过，请稍等。”

此外，由于电话面试的双方是只闻其声，不见其人，所以求职者尤其要注意把握自己的声音，尽量让对方听到积极热情的语气、能集中人注意力的语调、不大不小的口齿清楚的语音。

66. 如何应对视频面试?

视频面试多用于想兼顾面试成本（交通成本和时间成本）和面试质量（趋近于面对面的沟通形式）的情况下。

除了高端的视频面试会利用大型的视频会议设备外，一般的视频面试都是借助Skype等聊天工具来进行。

视频面试的注意事项同前述电话面试的基本一致，唯一需要提醒的就是准备阶段的工作。包括：

设备环境：

①安装指定软件。通常是安装在带有摄像头的笔记本电脑或平板电脑上。不建议安装在手机上，因为手机的稳定性较差。

②注册账号。

③提前找到一个安静、人少、信号强的场所。

④提前登陆试用，以便发现问题能及时处理、联系。

个人：

①仪容；

②仪表；

③仪态。

企业方选择视频面试的形式，就是为了能看到被面试者的尊容、形象，所以在准备时千万不可随意。关于这部分的阐述，感兴趣者可以参见第九章的问题 52。

67. 面试之后是否要写感谢信？

感谢信 (Thank You Letter) 是指：在面试之后由被面试者写给面试官的表达感谢之意的信件（通常是电子邮件的形式）。

感谢信写得好固然可以起到“锦上添花”或“亡羊补牢”的作用，但求职者不能期望凭借一封感谢信来“扭转乾坤”，因为面试官未必会看到此信，即使看到了也未必会认真对待。求职者与其“费尽心思”写感谢信，不如面试时好好发挥。

(1) 关于是否要写的问题

取决于：①是否特别在意应聘的这个机会；②是否有面试官的邮箱；③感谢信的内容是否有亮点。如果对于前两点的答案都是肯定的，那么求职者可以考虑写感谢信。

通常，被面试者是通过面试官的名片获得其邮箱的。如果面试官没有给名片，被面试者又特别希望写感谢信，该怎么办呢？有两种方法：

● 若有人事的邮箱，可以写邮件给人事，恳请人事转发感谢信给部门。

● 若与猎头合作，则可以写邮件给猎头，恳请其转发给人事，再由人事转发感谢信给部门。

之所以没有提到直接问人事要部门的邮箱，是因为这不符合社交规范，即当事人没有给予的信息，第三方不便给予。之所以也没有提到通过网络、熟人渠道去查找部门的邮箱，是因为通过这类途径拿到邮箱直接写感谢信的话，通常只会让部门感觉突兀、心理接受度低。

(2) 感谢信写给谁

一般感谢信都是写给用人部门的面试官，而且最好是写给终面这轮的决策者 (decision maker)，或者写给终面之前一轮的主要面试官。

总之，不要轻易写感谢信，更不要让感谢信满天飞。

68. 如何写感谢信？

简单谈一下感谢信的格式和内容。

(1) 格式

其实感谢信和常规邮件的格式要求是一样的，特别需要指出的就三点：

● 邮件主题：来自 XXX 的感谢信；

● 邮件语言：根据面试企业的性质和面试官所用的语言，选择中文或外文。

● 署名：不但要署名，还要留自己的联系方式 (虽然对方通常是不会回复，更不会联系你的，但你需要体现出自己的专业度。要知道很多人的私人邮箱是没有设置签名档的，要是成为匿名信就可笑了)。

(2) 内容：

开场白和结束语与写一封初次建立联系的邮件无二，注意用语体现出正式和尊敬即可。至于正文内容，必须根据个人的实际情况来写，通常感谢信的内容可以包括：

● 关于面试本身的感谢 (*)：

关于面试安排的时间和地点；

面试官抽出时间；

面试时的答疑解惑。

● 收获：

对面试官的印象，主要是赞美之词；

对应聘职位、企业的进一步了解，主要是阐述自己的匹配度高 (尽力结合面试官的核心关注点做一一对应的说明，而非空谈自我评价)。

● 思考：

关于面试中讨论的问题的新思路、新见解、新答案；

面试中感觉没有回答好的问题的补充回答。

● 意愿和盼复(*)：

表达自己希望获得这个职位的强烈意愿，希望有进一步的安排(下一轮面试)。

表达无论结果如何，期望尽早获得反馈，并且重申对面试官的感谢之情。

[注]* 部分是正文必写部分。

作者认为感谢信基本可以分为两种："锦上添花"和"亡羊补牢"。

一种是出于礼貌的感谢信，即单纯地为了感谢而感谢，对于面试结果，被面试者的预期是理想的，其所为只是想"锦上添花"。

另一种是出于挽救的感谢信，即并非单纯地为了感谢，而是另有所图，是为了弥补面试表现的不足或让面试的表现不显得那么"平凡"而写。通常，如果被面试者对于面试结果预期并不理想，那可以考虑用一封感谢信来"亡羊补牢"。

总之，怎么写感谢信取决于写信的目的。目的不同，写法自然不同。

本章小结：

本章围绕形式、对象以及问题种类阐述了如何应对面试的一些技巧。关于面试的技巧，虽然可以写的有很多，但作者以为，如果求职者想要获得面试的成功，那么归根结底还是应该事前多准备，事后多总结，现场靠发挥。要想提高面试的"功力"，最有效的方法就是多参加面试，包括模拟面试。相亲也是如此，没有谁天生就会相亲，知道如何正确相亲。在没有找到对的人、对的工作之前，只能"同志仍需努力"了。

第十一章
约出来见见之火眼金睛——面试相关人际评估

69. 选择合作伙伴的基本原则是什么?

在跳槽的前前后后，因为求职者“不是一个人在战斗”，所以必须完成相关的人际评估，并选择合适的合作伙伴。关于如何选择合作伙伴，作者总结的原则只有一句话：产生不了信任感的双方不适合做合作伙伴。那么什么样的人能够让人产生信任感呢？作者个人的看法是其应具备如下的品质：

(1) 诚信

言既出，行必果的人值得信赖。换言之，言而无信、满嘴胡话的人，谁敢合作?

(2) 责任感

高度的责任感是把事情做成的基石，有责任感的人才会使命必达，并且往往敢于担当。而责任感差的人容易在关键时刻“掉链子”。

(3) 同理心

有同理心的人会换位思考。很多矛盾冲突在换位思考的模式下，就会避免发生或得到更好的解决。

70. 选择什么样的猎头作为跳槽的合作伙伴?

站在人才的角度说答案应该是：具有高度的服务意识和专业的服

务能力的猎头。这其实也是科锐国际对顾问一贯的要求。

只有这样的猎头才能和候选人（猎头对人才的惯例称谓）建立起战略合作伙伴关系，实现长期的互帮互助、互惠互利，并可能和志同道合的候选人成为彼此的良师益友。

(1) 高度的服务意识

猎头行业是服务行业的一个分支，服务意识的高低是评价服务人员优劣的一个最重要的标准。如果一个猎头能够清楚回答“我能给候选人提供什么？”、“候选人需要什么？”、“如果两者不匹配，我应该做什么让两者匹配起来？”这三个问题，那么其服务意识是到位的。

(2) 专业的服务能力

专业的服务能力是指猎头作为连接候选人和企业方的中间方能够做到：

- 不仅是一个机会的信息传递者，更是一个机会的信息分析者
- 不仅是一次机会的提供方，更是职业生涯的咨询师
- 不仅能给候选人战术上的指导，也能给候选人战略上的参谋
- 不仅能影响候选人，也能影响企业方
- 在行业内不仅你认识他，你的小伙伴们也认识他

总之，如果一名猎头的服务意识、服务能力、个人品行都被广泛地认可，那么其必然是值得合作的伙伴。求职者可以根据业内打听到的情况和自己接触下来的感受，综合判断一个猎头是否值得合作。

71. 通过人脉渠道就可以了解一家企业是否适合自己吗？

想要知道一家企业是否适合自己，主要是看企业文化。而最直接的判断途径就是亲自和他们内部的人接触。

如果求职者有朋友在或曾在这家企业工作，那么可以通过他们来进行初步了解。但要记住：朋友的说法只能作为一个参考。企业文化的合适度本身是一个主观判断的问题，即别人的感受未必对自己具有参考价值。原因：

①还在这个企业工作的人基于“身在其中、身不由己”，很难做到客观评述，哪怕其本身是你的死党。

②已经离开这个企业的人，也未必能做到“知无不言、言无不尽”；即使做到，终究还是其一家之言，一人之感。

③若询问几个朋友，几个人的说法不一，作为听者只会一头雾水。

④一个企业里不同部门的情况往往各不相同，而通过人脉渠道接触到同一个部门里的人也是小概率事件。

所以，想要了解一家企业是否适合自己，最直接客观的方式是通过面试渠道。至于人脉渠道，虽然在面试之前、面试之后都可以加以利用，但都必须放在辅助的位置上。

72. 如何在面试中判断应聘企业的人事是否称得上“好人事”？

所谓“好人事”，就是指专业的人事。专业看两个方面：态度和行事。

(1) 态度

态度专业是指：在和被面试者接洽的整个过程中，人事都体现出了对被面试者应有的尊重。对人的尊重是一个人的基本素养。在双方看似地位不平等时，也能给予足够的尊重，本身就说明的人事的态度专业。

(2) 行事

行事专业是指：在和被面试者接洽的整个过程中，人事做事的职业化程度高。人事的“职业化”不光表现在面试中的提问和回答中，也表现在安排、接待以及谈判等方方面面事务处理上。

虽然人事素养的好坏、做事职业化程度的高低固然不能百分百代表所在企业里面所有的人，但试想一下，若一家企业连人事都素养不高、格局不大的话，那么被其“看对眼”、招聘进去的人，又能高明到哪里去呢？

73. 如何在面试中判断应聘企业的部门领导是否称得上“好领导”？

作者认为“好领导”的特点有四个：肯放权、能支持、敢担当、不居功。这也是上万人对“你认为什么样的领导是好领导？”的回答总结。

如果面试官来自招聘职位所在的部门时，那么应聘者在“疲于奔命”地回答问题之余，即使难以对其作详细评估，也应该记住观察下面这些“蛛丝马迹”：

(1) 细节导向型的人、有完美主义倾向的人往往不容易做到放权

若面试官的问题都非常细节导向，对回答的精细化要求很高，可能面试官是细节导向型的人，做事追求完美，有完美主义倾向。这类人不容易放心地将事情交与他人做，因为总觉得他人达不到他们的要求而不愿放权，布置任务后总是时刻紧盯着下属，让下属没有被信任感以及成就感。

(2) 凡事倾向于从自身找原因的人往往不会主动寻求别人的帮助，也往往不善于给别人提供帮助

若面试官对于“工作中 / 项目中遇到的最大困难是获得的资源不足”等类似回答、“对在 XXX 的情况下，我只能请求上级帮助”等类似的回答表现出不满，或者有意图启发被面试者多从“自身找原因，自己想办法”，那么可能面试官作为领导来说，并非是一个乐于或善于给下属提供帮助、指导、支持的人。这类人可能因为习惯了“自力更生”，善于不在乎获得上面领导的支持，所以希望下属也如此；也可能因为其自身的能力、水平、拥有的资源有限而使其感到“力不从心”，所以只能倡导下属凡事靠自己。

(3) 淡泊名利的人容易做到敢担当、不居功

被面试者虽然很难通过面试官的提问来判断其是否是个淡泊名利的人，但根据对面试官的印象、感觉，有时凭直觉还是可以判断个八九不离十的。

总之，肯放权、能支持、敢担当、不居功的领导才是真正有领导力的人，才会拥有心服口服、死心塌地的下属，这一点古往今来的名人例子不胜枚举。跳槽能觅到这样的领导算是“跟对人”了。

但正所谓“人心隔肚皮”，判断人终究是很难的一件事，有的时候，求职者只能如歌所唱的“跟着感觉走”。但求职者千万不要轻视自己的直觉，一旦对于某个领导感觉不对劲，就务必三思是否要考虑这个职位的机会。

74. 如何在面试中判断应聘企业的部门同事是否称得上"好同事"？

部门同事可能是应聘部门的同事，也可能是和应聘部门在业务开展上有交集的部门的同事。作者认为"好同事"是指：平时能够做好自己的份内事，关键时刻能够协作的同事。

在职场中，对同事的期待应该比对领导的期待低。如果说你的领导是有义务帮助你的人，那么你的同事并没有这个义务。实际上，你在职场中能够依靠的人本质上只有你自己。

一些大企业会在面试环节中设置平级面试，即所谓从多视角考察被面试者。如果有这样的面试，那么被面试者就可以借机考察该企业各部门之间、同部门的不同级别人员之间的配合度。通过观察面试官的面试态度是否积极、面试问题是否有针对性，求职者往往可以对于这种配合度作出初步的估计。若有可能，被面试者最好能够争取到提问的机会，以便从面试官的回答中更加客观地评估企业部门内部及与协作部门的配合情况。

最后要提醒的是，被面试者在利用面试渠道去判断应聘企业的文化、未来同事的风格是否适合自己时，都应持有"先让对方满意"的心态，千万不要冒犯对方。

本章小结：

中国有句俗话叫"在家靠父母，出门靠朋友。"，里面的"朋友"也就是今人常说的人脉。在人际网络高度发达复杂的现今社会，人脉质量的优劣几乎决定了我们生活质量的好坏。通过相亲找对象，如果找对了人、挑对了人家，那么婚后生活就是三家人其乐融融；但如果挑错的话，那么婚后生活就是各种家庭大战。而求职者通过跳槽选择一份新工作时，不仅意味着新公司、新部门的环境变化，更意味着选择建立新的人际关系、拓展新的人脉网络。无论是跳槽时，还是跳槽后，求职者都要警惕坏的合作伙伴的破坏力，并从跳槽之初就开始加强甄别，面试是最重要的渠道之一。因为面试不仅仅是面试官在面试你，也是你能够“面试”你的面试官。请求职者从现在起，谨记这一点。

第十二章

你的彩礼 vs 我的嫁妆——薪资福利

薪酬：员工因向所在的组织提供劳务而获得的各种形式的酬劳。狭义的薪酬指货币和可以转化为货币的报酬。广义的薪酬除了包括狭义的薪酬以外，还包括获得的各种非货币形式的满足。

为了方便说明，本章将广义的薪酬称为薪资福利，薪资福利本身也是大家熟知的概念。**薪资就是指货币形式的酬劳，福利就是指非货币形式的酬劳**。

因为一个职位的薪资是有浮动的区间，而福利常常是固化的，所以跳槽的薪资福利谈判实际上是薪资谈判，鲜有例外。为此，本章后续涉及谈判的问题都称为薪资谈判而非薪资福利谈判。

75. 进行薪资谈判前，需要知道什么？

正所谓“知己知彼，百战不殆”，求职者在薪资谈判前尽可能知道“两个水平”、设定好“两个数值”。

(1) 两个水平

应聘职位薪资的行业平均水平和应聘企业薪资所处的行业水平

求职者应尽可能了解到求职行业内同类职位的薪资平均水平、应聘企业的薪资所处的行业水平，以便于衡量应聘企业的薪资同比行业水平是高是低，以及该职位在应聘企业内的重视度是轻是重，从而确保自身的期望薪资报价不会过高也不会过低。

如果求职的行业本身就是自己所从事的行业，那么上述信息通常是较容易获取的。即使打听不到应聘企业确切的薪资水平，求职者根据自己目前所在企业的薪资水平和行业水平的比较，也可以设定出合理的内心期望值。

如果求职的行业和自己所从事的行业不同，那么如今除了可以利用自己的人脉渠道，还可以利用网络渠道去了解上述信息。相较过去而言，只要不是特别冷僻的行业或企业，求职者要获取准确信息的方法多了许多。

在知道这两个水平以后，求职者就可以进一步设定好关于薪资的内心期望值（包括理想值和底限值），并算好目前的薪资，以得出下述的“两个数值”。

(2) 两个数值

薪资目前值和薪资期望值。

● 目前值

薪资目前值包括月度工资、月度补贴 / 津贴、各类奖金、五险一金及其补充金等。详情可见第九章的问题 45。

需要特别指出的是，对于目前公司是否缴纳补充养老金、补充公积金，分别缴纳的百分比是多少，以及“五险一金”的个人缴纳部分是否由公司代缴纳等信息，都需要在谈判前了解清楚、算清楚。

[注]“五险”指的是五种保险，包括养老保险、医疗保险、失业保险、工伤保险和生育保险;“一金”指的是住房公积金。其中养老保险、医疗保险和失业保险，这三种险是由企业和个人共同缴纳的保费，工伤保险和生育保险则完全是由企业承担的。

● 期望值

期望值包括理想值和底限值

薪资期望的理想值是指：从薪酬角度考虑，大于等于这个数值，自己一定会接受 Offer。而薪资期望的底限值是指：从薪酬角度考虑，小于这个数值，自己一定不会接受 Offer。

很多求职者在一开始并没有设定好自己的理想值和底限值，或者只设定好了其一。这可能是因为疏漏，也可能是因为求职者不想一开始就设限太多，期待了解深入后，慢慢再与企业谈判。虽然求职者这样做也有一定的道理，但是从实际来看，因为近些年越来越多的企业在面试伊始，就想要确定求职者的期望薪资，以避免浪费双方的时间，所以求职者从一开始就了解职位、企业的薪资水平并设定好理想值和底限值就变得很重要了。至于设定好的内心数值和报价数值是否要完全一致需要就事论事。并且除非对方询问期望的底限数值，一般只需要报期望的理想数值。

总之，薪资谈判的前提就是知道自己想要多少，对方能给多少，并确认两者是在一个范围内，具有可谈性。

76. 薪资谈判的基本原则有哪些？

作者总结了三条原则如下，仅供参考：

(1) 努力争取“多一点”原则

努力争取多一点，而不是多很多。对企业来说，绝大部分职位是有薪资范畴的，即使其招聘广告里写了“面议”，面试时说“好商量”，也不可能让求职者无限制地漫天要价。因为薪资谈判的本质是在有限的空间内小幅地做加减法，所以求职者只要能争取到稍微多一点，就是成功。

(2) 坚持让招聘方“先报价”原则

打牌时，谁王牌出得越早，谁输的可能性就越大。在薪资谈判中，求职者要努力先知道企业可以出的最高价，而不是让企业先知道自己能够接受的最低价，否则就很难有议价的余地了。

如果应聘企业总是不断地让求职者报价，而从来不自己报价，一再试探求职者的底限，那么建议求职者用如下的话语来应对：

● 您问我报的期望值是不是底限期望，那么是不是你们肯定给不到我报的期望值？如果是的话，那么不妨告诉我，你们能给到多少？

● 您让我报底限期望值，我之前报的就是底限期望了，所以如果你们觉得给不到，是否可以明确地给我一个数字，我可以据此作判断。否则让我一而再、再而三地凭空报价，这样来来回回岂不是浪费大家的时间／我们能否提高点做事的效率呢？若是您目前也没有确切的信息，那么能否麻烦您确认后再告知我。

(3) 始终保持“可以谈”的原则

除非决定放弃一个机会，否则求职者要始终保持配合的态度，给对方“可以谈”的信号。即使薪资谈判的过程很艰难，对方或强硬、或难缠、或多变，让求职者不时地心生不满，求职者也必须保持职业化地应对。虽然求职者的立场可以坚定，语言可以犀利，但要始终保持柔和但也不卑不亢的态度，以免造成双方“剑拔弩张”。虽然求职者适度的情绪表达可以加速谈判的进程，但过分情绪化的表现往往不会带来好的谈判结果。

总之，因为选择始终是双向的，所以薪资谈判的双方是平等的。虽然总有一方会占据谈判的上风（招聘企业更想要求职者，或者求职者更想进企业），但作者认为不管谁占据上风，都没有必要摆出“你只能任我宰割”的姿态，以免让本可以谈成的双方不欢而散。

77. 如何正确评估一个跳槽机会是平级、升级还是降级的机会?

“平级、升级、降级”的“级”是指职位名称中包含的职务，如主管、经理等。举例说明：从A企业跳槽到B企业，只从职位名称看，主管→主管是平级跳槽，主管→经理是升级跳槽，经理→主管是降级跳槽。那么是否根据职位名称的变化，求职者就能判断一个跳槽机会属于平级、升级还是降级的跳槽了呢？答案是否定的。职位名称只是判断的一个维度，求职者要正确评估一个机会究竟是升还是降，抑或没升没降，还需要看公司职级、薪酬、公司所处的行业地位、公司规模、组织结构、团队规模、业务范畴等其他维度。

不可否认，有的人只在意职务的升降，只看表面的职务名头。不过，作者还是强烈建议综合评估，因为职务名头只是个外壳，弄不好甚至是一个空壳。求职者跳槽到一家企业，无论是想在其内部寻求发展空间，还是为将来进一步跳槽积累基础，都应该明白：用人方是不会只凭名片，而一定是会通过综合评估来判断你的实力。

综合评估是指：将不同的维度分别评估，再综合各个维度的情况做总的评估。因为对于同一个机会，不同的人所在意的维度也是不同的，所以大家要根据各自的实际情况、自身意愿等分清主次维度后，再来评价跳槽机会，从而确定这一机会属于平级、升级还是降级。

大家可以以如下图示例做评估分析：

各维度评估图				
比较对象	**现公司 A vs 机会公司 B**	**平**	**升**	**降**
职务	经理 vs 主管			√
职级	对照各自公司内部的职级划分得出属同职级	√		
薪酬	1（目前年薪）vs1.2		√	
行业地位	一流 vs 一流	√		
公司规模	均 500~1000 人（同数量级）	√		
组织结构	均直线汇报高级经理，高级经理往上均是部门总监	√		
团队规模	均＜10（同数量级）	√		
业务范畴	B 会多管一条新的产品线		√	

以示例分析，如果只看职务的话，是一个降级机会；如果只看薪酬或业务范畴的话，是一个升级机会；如果综合来看的话，是一个平级机会或者确切地说是平中有升的机会。

建议各位求职者从这些方面把握评估分析：职级重于职务、组织结构重于公司规模、业务范畴重于行业地位、团队规模要结合发展阶段来看、薪酬不是唯一的指标。

“宁做鸡头，不做凤尾”的想法和“去大公司镀金，去小公司赚钱”的想法都有一定的道理。归根结底，求职者应该梳理清自己内心真实的想法以后，再去评估一个机会对自己而言是平、升还是降。

78. 除了依据目前薪资，期望薪资还可以靠什么争取？

一般，目前薪资有五项可谈项目：年度涨薪、协议赔偿、异地租房、公司福利以及机会成本。

(1) 年度涨薪

但凡所在企业有年度涨薪、半年度涨薪政策，跳槽时又恰逢涨薪前后时，求职者可以向应聘企业说明该情况，并作为跳槽期望薪资的一个依据。

例如：

- “我已经收到目前公司发的关于 2015 年度的涨薪文件，我的涨薪幅度是 10%，我对贵公司的机会提了 30% 的期望涨幅，但实际上对于我来说，涨幅仅是 20%。”

(2) 绑定协议的赔偿款

有的企业将员工送到海外培训，会要求员工签署 3~8 年不等的服务期协议作为“替代”培训费，如果员工在服务期内离开，需要按协议约定好的金额赔偿。这种赔偿通常是按月折算的，例如一个员工签了 3 年的绑定协议，总赔偿金额是 6 万，如果服务期满 2 年半时选择离开，按月折算，剩余的 6 个月需要赔偿给公司 1 万。求职者也可以和应聘企业说明该情况，作为跳槽期望薪资的一个依据。

例如：

- “按照绑定协议，我目前离开需要赔偿现公司 XX 万，不知道贵公司能否替我承担这笔赔偿费用？若不能，那么是否可以酌情提高点预备给我的薪资，比如年薪 XX 万，每月 XX？”
- “之所以我的期望涨幅希望达到 xx%，是因为我有个绑定协议在身。根据协议，如果选择目前就离开，那我需要赔偿现公司 XX 万，这不是笔小数目。我听说贵公司不会承担这类费用的，所以我只能提高我的期望薪资。这是我的客观情况，是现实给我的压力。”

(3) 异地租房

如果一个跳槽机会是需要换城市工作，即异地工作的，并且应聘企业本身的福利不包括解决住宿问题，那么求职者可以就租房成本向应聘企业说明，作为跳槽期望薪资的一个依据。

例如：

- “我从苏州到上海来工作，需要自己租房。上海的生活成本很高，我查过在贵公司附近租房的行情，即使一切条件从简，也要至少3000元一个月。我的期望薪水是含了这部分租房成本的。”

(4) 公司福利

但凡所在企业的福利优厚，并且比应聘企业的福利要好，求职者同样可以和应聘企业说明该情况，作为跳槽期望薪资的一个依据。

例如：

- “我目前所在的国企，每年的过节费、旅游费，杂七杂八发的现金、购物卡等，我算下来要有2万。虽然无法提供证明，贵司也不会计入，但是我自己考虑期望薪资的时候不可能不算这些。”
- “我目前的公司可以提供读指定的几家学校的MBA的赞助费，目前我的MBA已经申请成功，可以问公司申请赞助了。如果选择贵公司，贵公司没有这项福利，因此薪资期望上我不得不要求这些。”

(5) 机会成本

跳槽看机会时，求职者往往会有几个机会在进行，可能到最后也会拿到不止一个Offer。有时，不仅外部有机会，内部也会有机会出现。求职者无论选择哪个机会，都意味着其成本是放弃其他所有的机会。弄清了这点，求职者自然也可以和应聘企业说明该情况，作为跳槽期望薪资的一个依据。此时无需明说，企业方就能意会。

例如：

- “老板刚找我谈过话，准备提供给我一个去总部工作XX月的机会，而且不会和我签绑定协议。对我来说是获得一段海外工作经历，机会可以说是很不错的。贵司的机会也不错，所以我肯定会综合评估的。”
- “虽然我一直想转型做XX，但内部一直没有合适的机会。最近有个内部机会出现了，我也去面试了，目前也进展到谈薪阶段了。贵司的机会是我外部几个机会看下来，最合适的一个，不过实话实说，究竟选择拿内部的机会还是贵司的机会，我还没有想好。”
- “必须和您说明一下，我目前还有一个机会已经给我出了口头的Offer。薪资比贵公司目前给我谈的要高一截，我也不是只看钱的人，但是贵司的薪水能否再高一点呢？”

最后重申一下：无论谈什么，怎么谈，求职者态度一定要友善，不能让应聘企业觉得你自认为“奇货可居”，或是让其觉得你在“威胁”他们，如果那样，对方就会摆出“爱来不来，不来拉倒”的姿态。无论在什么情况下，求职者都务必要让企业觉得你非常有诚意，愿意继续沟通并期待合作成功，只是你现在的确有为难之处，的确希望薪资能够达到有所依据的预期。

79. 企业福利有哪些？

薪资在第九章问题45、本章问题75中已经阐述过了，不再赘言。福利项目总结如下，供大家在跳槽的时候参照。

- 年假
- 带薪病假
- 公费旅游
- 购物卡、油卡、健身卡等
- 商业医疗险
- 购车优惠
- 公司宿舍
- MBA赞助
- 海外培训
- 海外工作

……

总之，跳槽非小事，求职者要尽量做到360度全方位权衡才算对自己负责。求职者不仅要清楚知道目前企业提供哪些福利，也要了解清楚应聘企业可能提供哪些福利。因为非货币形式的福利其实就是变相的薪资，所以在薪资谈判时，不可忽视对福利的了解。

80. 内部跳槽的薪资谈判有哪些注意点？

除了前述内容外，内部跳槽机会的薪资谈判有两个注意点：

(1) 务必确认应聘职位的职级

通常确认职级就可以确认薪资范围。

(2) 务必确认应聘职位的薪资结构

虽然是内部机会，但也会出现薪资结构不一样的情况。比如有的集团下各子公司的薪资结构是不同的，有的企业里销售部门的薪资结

构是基本工资 + 提成奖金，但其他部门并没有提成的设置。

内部跳槽时，求职者虽然往往会由于“碍于情面”而较少与企业议价，但还是可以凭借“内部人”的便利性把信息尽量了解清楚。因为内部跳槽毕竟还是跳槽，而跳槽总是有风险的，换工作并非小事，所以作者建议各位求职者在内部跳槽时千万别不好意思，一定要充分利用“自己人”这层身份去将信息打探清楚。

81. 异地跳槽的薪资谈判有哪些注意点？

异地跳槽时，薪资谈判过程中最重要的方面是解决异地生活所产生的成本覆盖问题。

异地生活的成本主要是：

(1) 租房成本

(2) 从三四线城市跳槽到一二线城市，两者的物价差异导致的除租房外的其他各类生活成本差异

由于一二线城市的薪资水平普遍高于三四线城市的薪资水平，所以主要需要考虑的问题是异地租房的成本。作者建议大家关注企业是否有能够解决住宿问题的福利。企业对于住宿问题的解决手段通常是：员工宿舍、企业租房、租房补贴。如果企业不提供此类福利，则跳槽者需要将成本核算进自己的期望薪资去谈判。

具体谈判时，虽然求职者都希望通过提高月收入来覆盖租房成本，但企业方多不会如此操作，而会采用到岗奖金 (sign on bonus)、留任奖金 (retention bonus) 等各种形式的奖金及奖金组合来满足求职者的需要。

不管企业使用何种形式，求职者只需要遵循努力争取“多一点”原则，尽力通过友好谈判来实现自己的期望。当然，求职者务必要保持清醒的头脑，持有合理的期望，不能“贪得无厌”。

82. 有绑定协议在身的薪资谈判有什么注意点？

如果你有绑定协议在身，那薪资谈判时需要格外注意应早提出、多争取。

(1) 早提出

在开始接触的时候，求职者就要告知应聘企业你有绑定协议的负担，不要到最后谈薪阶段才摆出来，这会让对方措手不及。如果你早说明，那对方就可以早知道、早计划，大家都可以早作准备。

(2) 多争取

有的求职者认为，反正企业方很少愿意全额承担赔偿费用，那就不必争取什么了。其实，求职者需要明白，只要企业愿意提高薪资就等于是在帮助自己承担赔偿费用。所以，在这种情况下，绑定协议可以作为你和企业谈判的一种“工具”，让对方通过赔偿或其他形式帮你“涨薪”。

不过，最后要重申利益永远有眼前的和长远的之分。虽然求职者应该早提出、多争取，但千万别钻进钱眼里，毕竟跳槽的本意不应是单单为了钱，而应是为了更好的发展。只有更好地发展，求职者才能赚更多的钱、赚更久的钱。

83. 有竞业禁止协议在身的薪资谈判有哪些注意点?

如果有竞业禁止协议在身，那跳槽者在薪资谈判时务必注意早确认、早告知、早了断。

(1) 早确认：确认竞业禁止协议是否有效

《劳动合同法》第二十三条规定：“用人单位与劳动者可以在劳动合同中约定保守用人单位的商业秘密和与知识产权相关的保密事项。对负有保密义务的劳动者，用人单位可以在劳动合同或者保密协议中与劳动者约定竞业限制条款，并约定在解除或者终止劳动合同后，在竞业限制期限内按月给予劳动者经济补偿。”如果用人单位不约定竞业禁止经济补偿金或不实际支付该经济补偿金的，竞业禁止约定条款对劳动者无效。无效的协议就没有必要讨论了。

若竞业禁止协议是有效的，劳动者依旧想去被禁止去的具有竞争关系的企业，则需要按协议约定的赔偿金赔偿目前的企业。如果不赔偿而加入有竞争关系的企业，那么求职者必然要承担违法责任。虽然国内很多的竞业协议是为了限制人才流动而非保护商业机密而签署，受限制的也往往不过是“虾兵蟹将”而非核心人物，并且从比例上说真正被追究法律责任的事件极少，但建议各位求职者还是不要冒此风险。因为，一旦打起了官司，不但劳民伤财，而且对个人的职业发展会产生百分百的负面影响。

(2) 早告知：第一时间告知应聘企业你有竞业禁止协议

求职者不要抱侥幸心理，务必在一开始就告知应聘企业你有竞业禁止协议，并将相关的核心条款告知对方。通常，规范的大企业的法务部门会再行判断协议是否有效，以及它们企业是否属于协议禁止跳槽的企业。若协议无效，或该企业不属于“黑名单”，那么一切会按常规招聘流程进行。若协议有效，那么求职者需要明白企业法务部门在严格防范风险的同时，客观上也保护了求职者本身，所以该放弃的只能放弃。

(3) 早了断：如果没有赔偿，就坚决对跳槽机会说不

如果确认协议是有效的、且会对此次跳槽发生作用，而应聘企业始终未提及赔偿，只是仍然想和你“慢慢地走到最后”，那么你必须抱定一个宗旨：如果企业承担赔偿金，那你可以考虑跳这次槽；反之，你绝对不能跳这次槽。求职者需要明白，你个人支付赔偿金的能力大小和赔偿金的金额高低都并非是问题的关键，你最需要关注的是企业方的态度：是只想让你自己承担风险呢？还是愿意与你“同舟共济”？

总之，即使求职者不想因为一个协议“浪费青春”去外行业做个一年半载，也不能不顾法律风险，贸然跳槽。有些求职者因为个人财力雄厚而自己承担赔偿金，其实大可不必，因为一方面这么做实在不经济；另一方面，你可以试问自己，若赔偿金高于一年的年收入，这个跳槽机会的吸引力还剩什么？是否与其如此，不如再找找看，或者去其他行业开开眼？

本章小结：

找更好的对象、找更好的工作都是为了更好的生活。跳槽也好，相亲也罢，有些人会犯不考虑金钱的错误，但更多人会犯的错误是只考虑金钱。求职者需要明白：获得一份称心的工作和拥有一位体贴的爱人一样，不仅要靠金钱维系，更要靠情感维系，两者缺一不可。当然，跳槽不可能不谈钱，望本章提供的技巧能有所启发。

第十三章

爸爸妈妈点头吧！——辞职

84. 辞职流程究竟是什么样的？

辞职流程如下图所示：

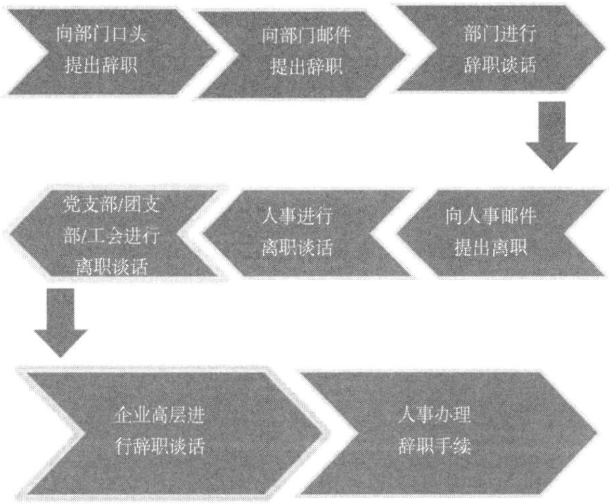

[注]1. 步骤之党支部 / 团支部 / 工会进行离职谈话一般是国企才会有的环节。

2. 步骤之企业高层进行辞职谈话并非每个企业都会有的环节。

3. 如果部门已经答应了口头辞职，那求职者可以同时给部门和人事写辞职邮件。

85. 如何向直线经理提出辞职?

因为中国人爱讲人情，所以只要自己感觉离职期的时间可控，大家目前的普遍做法还是先和直线经理口头提出辞呈，然后再写辞职邮件。有的人甚至会等到直线谈话并且同意后，才写辞职邮件。

虽然这么做无可厚非，但是因为用人企业都懂劳动法对于离职期的规定（第三十七条【劳动者单方提前通知解除劳动合同】劳动者提前三十日以书面形式通知用人单位，可以解除劳动合同。劳动者在试用期内提前三日通知用人单位，可以解除劳动合同。），所以应聘企业通常给予求职者的离职期就是 30 天，即规定其最晚应在确认离职后的第 31 天入职。

若遇到严苛的企业，求职者一旦因为离职出现问题而无法按照 Offer 约定好的时间入职，就可能会被取消 Offer。为了避免出现这样的情况，求职者应及时向原企业提出书面辞呈，以便按时走完原企业所有规定的流程。作者的建议是直接写辞职邮件给直线经理并口头告知，然后再由其约辞职谈话。

86. 辞职面谈如何应对人事?

辞职面谈的对象通常是人事经理或负责办理辞职手续的人事。基本就分为两种情况：

● 部门同意辞职，人事走个流程；

● 部门没有同意辞职，人事需要协助部门进行挽留。

无论是哪一种，应对的注意点都是：

● 辞职原因保持和给部门的说法一致；

● 不要对企业、部门有任何激进的负面评价，但可以提出自己的改善性建议；

● 言辞要根据面谈的实际情况而定，做到“不卑不亢、软硬兼施”；

● 因为将来没准还会有再合作的机会，所以求职者无论是留是走，都应注意给人事留下个好印象。

87. 辞职面谈如何应对部门？

这里的“部门”指部门的直线经理、部门负责人以及可能存在于两者之间的中间层。通常这些人都是要分别进行辞职面谈的。当然，若已经跻身企业经营管理层，即通常说的企业高管，那么离职面谈会涉及的人就更多了，甚至会有董事会的面谈。

在此，仅说明下普通员工的部门辞职面谈的注意点：

- 保持每一轮面谈对于辞职原因（离开动机）的说法一致；
- 辞职原因要合情合理，让对方易于接受；
- 纵使内心确有不满，口头仍不要有任何关于企业、个人的负面评价；
- 言辞要根据面谈的实际情况而定，做到“不卑不亢、软硬兼施”。

若部门并无挽留的意思，则求职者只要交代清楚辞职原因即可；若部门表达了挽留的意愿，则求职者应始终保持头脑清醒，在分析利弊后再综合权衡；若出现部门“威胁”要强留求职者的情况，则求职者也不必慌张，必要时运用法律武器即可。后面的问题88~92将会对此进一步详述。

总之，按劳动法的规定辞职（劳动者单方提出解除劳动合同）是每一位劳动者的权力。求职者要始终牢记可以根据自己的意愿选择离开，不必担心企业会剥夺这项权利。

88. 离职遭遇挽留怎么办？

通常，求职者离职时都会遭遇挽留（老板巴不得你走的情况除外）。挽留有两种：形式挽留和实质挽留。

(1) 形式挽留

只是口头表达对提出离职者的认可，但不会拿出实际的方案、行动来阻止离职的发生。

例如：

- “我们对你的工作表现一直是满意的，你提出要走，我们肯定是舍不得的。你是部门里的老人了，今年不走的话，明年升职的可能性很大的，要不你再想想？”

(2) 实质挽留

不但口头表达出对提出离职者的认可，而且会拿出实际的方案、行动来阻止离职的发生。

例如：

● “我们对你的工作表现一直是满意的，你提出要走，我们肯定是舍不得的。你是部门里的老人了，我也知道我们这里升职慢，正常的话，你是今年年底就会升一级。这样子，我找人事部谈谈，看能不能提到年中就给升上去。”

分辨形式挽留和实质挽留有一个简单有效的方法：承诺是否会立即兑现。只有立即兑现的承诺，即立即或短期内给你“真金白银”、“加官晋爵”等好处的承诺才能算实质挽留。所谓“短期内”是指最多不能超过半年。超过的话，就属于部门在给求职者“画饼充饥”，希望让其“望梅止渴”了。

形式挽留不是真正的挽留，没有多大的讨论价值。针对实质挽留，有两点建议：确认清楚谁想留和为啥留。

● 谁想留：判断部门的挽留意图是出自直线经理还是部门负责人

不管是走或是留，求职者都要知道谁是真正的决策者，并将其作为真正的谈判对象。即使分不清是谁要留你，求职者也应和部门负责人好好沟通，毕竟其手中的权力通常是大于直线经理的。如果部门负责人和直线经理向来有间隙矛盾，那么遇到的挽留，就更需要慎重分析、应对了。

● 为啥留：了解部门的挽留意图背后真正的动机是什么

只有判断清楚谁想留后，求职者才能进一步分析其挽留的动机。即使负责人和直线经理都想挽留，求职者也需要分析其各自的动机，因为两人的动机未必是一致的。只有清楚地了解其各自的动机，求职者才能避免被对方开出的挽留条件轻易“收买”。无论选择跳去外部，还是继续留在内部，求职者都应在综合评估的基础上仔细权衡，不仅要对比眼前的风险、利益，更要对比远期的风险、利益。虽然眼前的利益总是更容易被看见，但因为职业生涯是场马拉松，所以建议大家务必要更重视远期的风险，尽可能把目光放长远，做长期的打算。

即使不能完全分析出部门的动机是什么，求职者也应该知道：部门留你只可能是为了部门乃至企业的发展利益。而求职者需要回答的问题是："部门留我下来是为了一时之用、解燃眉之急，还是有心培养我？"哪怕是用直觉，求职者也务必要回答出这个问题。

要知道，部门面对职员离职时，或多或少都会通过涨点薪资、许诺升职、再打打感情牌等做法来留人。因为部门非常清楚，一旦成员离职，其将面临短期内无人可用、招人很难的困境；而留你所费的成本远远小于外部招聘所费的成本。所以，如果求职者感觉到部门只是在"例行公事"，而不是真心想培养自己，那么还是应该下定决心离开。

89. 提出离职却被企业挽留，挽留后可能会遭遇哪些风险？

求职者接受部门的挽留后，是否之后的一切会和提出离职前一样呢？当然不会。打个比方，闹过分手而没有分手的一对恋人，和没闹分手前会一样吗？大家都知道：不会。两人的感情多多少少会发生一些变化，是变得更加相爱还是变得心有间隙就得看各人的造化了。被企业挽留也一样。

作者总结的风险就是你会被替代、被排挤、不被重用，只是表现形式各有不同：

● 留你的领导自己离任了，即认可你的人走了，新领导可能会开展一系列的"清除异己"的行动——你会被替代；

● 部门新来的人担当的职位与你近似——你会被替代；

● 部门新来的人的工作职责与你近似——你会被替代；

● 部门里核心工作、重要项目没有你参与的份——你被排挤、不被重用；

● 部门里同你资历接近的人被一再提拔——你被排挤、不被重用。

当初你可以为了功名利禄要离开，部门就可以同样用功名利禄将你留下，但大多是为了一时之需。因此上述风险发生的可能性是很大的，毕竟以利益驱动的同盟总是非常不稳固的。

要知道，任何企业、任何领导都非常看重员工、下属的忠诚度。一旦求职者提出了离开，其忠诚度的评级就已经下降了。哪怕其最后因为感情因素而留下，心中不生一丁点芥蒂的领导是极少的。如果都生了间隙，那么还会有领导培养你、重用你吗？“留你口饭吃”就不错啦。

鉴于此，作者个人的观点是要么不提离职，提了离职就要打定主意离开。留下来的人里真正有所发展的是凤毛麟角，绝大部分的人或早或晚还是会面临离开，区别只是离开时场面是否好看而已。

90. 如何事先预防被企业挽留后可能遭遇的风险?

求职者要想事先预防风险，只有在提出离职前就把问题想清楚：如果留下所面临的最差条件比离开要好，就选择留下；否则，选择离开。想清楚以后，求职者要么不提出离职，要么提出离职后坚决离开。

有些求职者会想：如果留下能获得的条件≥外部机会的条件时，不选择留下岂不可惜了？作者的观点是并不可惜。理由有三：

● 其一，给予的条件是否会兑现是个未知数；

● 其二，即使兑现，未来第二年、第三年会遭遇什么也是个未知数；

● 其三，一般来说，如果领导要重用你，那不会等到你提出离职时才想到开条件给你。而若你一时感情用事被留下，那领导很清楚这份情的时效性不会久，当然就不会进一步帮助你发展了。

选择留下或离开时，求职者不仅需要评估现在，还要分析未来。建议求职者可以把三年作为一个周期进行考虑，一来因为周期越长，分析的偏差越容易大；二来因为劳动合同一般是三年一签的，本身就是一个周期。

我们可以从个人、领导、部门以及企业层面四个维度进行分析，具体如下图所示：

维度	3年内	目前企业a	想加入的企业b
个人维度	每一年预计职位		
	每一年预计薪资		
	每一年预计职责范围		
	每一年预计能力提高		
领导维度	领导风格		
	领导能力		
	领导对你的信任度（为人）		
	领导对你的依赖度（做事）		
部门维度	部门发展情况（扩张、维持、缩小）		
	领导变化的可能性		
企业维度	企业发展情况（扩张、维持、缩小）		
	企业遭遇兼并收购的可能性		
	高层领导变化、组织机构变化的可能性		

虽然求职者可以通过上述的各个维度进行分析，但要明白：不想要遭遇风险的最佳途径就是不冒险。若要冒险，则理论上是避免不了发生风险的可能。

91. 如何应对被企业挽留后发生的风险?

风险有大小之分，应对也有轻重缓急之别。通常的应对方法无非两种：辞职找新的工作机会和在职找新的工作机会。

作者总结了两种方法分别适用的情况，如下图所示：

在职	辞职
有上班时间外出面试的请假条件	没有上班时间外出面试的请假条件
家庭经济负担重，维持家庭开销的储备金不足6个月	家庭经济负担轻，维持家庭开销的储备金超过6个月
领导会选择开除你的可能性很小	领导会选择开除你的可能性很大
工作量、同事关系等因素让你觉得还在你可以承受的范围内，并未影响到你的身心健康	工作量、同事关系等因素让你觉得超出了你可以承受的范围，甚至已经影响到你的身心健康
你对遭遇的风险持积极乐观态度，觉得找机会的紧迫度不高	你对遭遇的风险持消极悲观态度，觉得找机会的紧迫度很高
企业无明显动荡的表象	企业有明显动荡的表象

因为上图仍不可能穷尽所有的情况，所以请读者们结合自身实际仔细考虑。建议不到万不得已，不要选择裸辞。这年头工作不好找，更不用说是要找一份好工作了。

92. 企业不给退工单怎么办?

除了“动感情”“开条件”等常规挽留手段外，有的企业会采用强留的措施。通常这是由于部门领导出于私心（“我们这就没走过什么人，你走了，我面子何在。”“你现在走，我的管理绩效奖金会被扣。”等超出常理的理由）不同意员工辞职，而人事部又和部门“同流合污”，威胁员工称他们将拿不到退工单（上海户籍的员工还拿不到劳动手册）。如果求职者没有拿到退工单，即没有与上一家企业解除劳动合同的证据；那么新东家往往是不敢录用这样的求职者的。

在这种情况下，有的求职者因为觉得“胳膊拧不过大腿”，认为自己拿企业是没有办法的，所以尽管万般不情愿，却也只能选择忍气吞声地留下。其实这样的想法是大错特错的。

我们中国人行事总是抱着“不要撕破脸、不要得罪人”的心理。很不幸，有些人就是利用这种心理使我们不敢争取合法的切身利益。

要知道，公平和正义是需要靠自己有意识维护的，如果遭遇这样的情况，我们完全可以用法律的武器保护自己，在谈判时就告知对方：如果无理由地不让你离职，你会按劳动法的规定，申请劳动仲裁。一旦得知你不是法盲，部门就不敢任性妄为了。劳动仲裁属于特殊形式的民事诉讼，如果不服仲裁结果，还可以向法院提起诉讼，大家心里都清楚犯不着走到这步。

93. 辞职时发现自己有竞业禁止协议怎么办?

关于竞业禁止协议，第十二章的问题83有详细阐述。因为各种原因，有的求职者直到辞职时才发现自己有竞业禁止协议，而且这份协议是有约束效力的。如果应聘的企业属于被禁止加入的对象，却又不愿意承担赔偿金，那么求职者是否就真的没有办法加入了呢?

甚至，如果同类企业都是属于被禁止加入的对象，那是否意味着求职者只能跳槽去其他行业，浪费一年半载的时间呢?

遇到这样的情况，求职者往往会觉得很憋屈。虽然求职者是被雇佣的一方——乙方（企业是甲方），注定处于劣势，但好在办法也并非是完全没有。

有的应聘企业会采用的方法：让跳槽者先与第三方公司签署劳动合同，再让第三方公司以外派的形式让求职者为其工作。名义上（人事关系上），跳槽者属于第三方公司，但跳槽者的待遇（薪资福利）都是由应聘企业发放的。换句话说，第三方公司只是提供了一个员工的名额罢了。但必须指出的是，这个办法看似巧妙但只是权宜之计，属于灰色地带，作者不建议这么做。因为如果跳槽者的老东家真的要“追查”、要起诉的话，理亏的还是跳槽者和新东家。

有的求职者会采取的办法：编织个善意的谎言。比如：辞职时和老东家说自己要去的企业不是有竞争关系的，甚或说自己要脱产读书了，要旅行了，要……但实际上，“世上没有不透风的墙”，很多行业的圈子是很小的。一旦老东家发现情况并非如此，其随时可以起诉。这个看似最简单的办法的风险也是最大的，所以作者也不建议这么做。

换言之，以上方法并不能真正有效规避此类协议。事实上，真正有效的方法只有两种：(1) 你和老东家达成了心照不宣的约定——他们不会来追究你；(2) 老东家直接废除竞业禁止协议。这种情况是最根本的解决之道。竞业禁止协议在中国的一些行业签署的过于泛滥，企业之间的人事关系犬牙交错，导致真正会被追究的人是极少数，所以这两种情况也并非个例，如果求职者能够打听到先例，就一定要为自己争取机会。

总之，背着竞业禁止协议去跳槽有没有风险、该怎么操作，需要求职者自己好生琢磨、掂量。如果求职者实在绕不开协议，那么一年半载的时光除了选择到其他行业工作以外，还可以用来做很多事情，比如孕育和养育新生命、旅行、获取学位等。

本章小结：

面对目前在职企业的挽留，离开和留下都只是选择罢了。虽然我们总希望自己的选择是正确的，但要论对错，只能看今后的发展。无论选择留还是走，选择是好还是坏，我们能做的就是向前看、往前走。相亲也是如此，看对眼了后，才会相处看看，磨合好了才会步入婚姻殿堂，磨合不好就会重新选择；若是步入婚姻后才发现没磨合好、选择错误，我们还是可以重新选择的。

第四篇

Live a happy life forever?
——跳槽后续

童话故事的结尾总是"王子和公主从此幸福地生活在一起了"。但现实中，步入婚姻只是开启一个新的生活阶段，新婚生活注定会迎来新的挑战和问题，需要每个步入其中的人去勇敢面对。跳槽也一样。

所以第四篇旨在解决跳槽后刚加入新企业时要面对的两类问题：

1. 有哪些新企业入职的注意事项？

2. 如何处理入职后的人际关系？

第十四章
嫁入豪门之初来咋到——新企业入职

94. 如何尽快熟悉新加入企业的规章、制度、流程？

方法是问人问物，且要双管齐下。

(1) 问人：日常事务问人事、专职工作问部门

①人事指人事部、行政部的同事

求职者可以询问在入职当天、入职培训等事宜中接触到的同事，以便了解日常工作中所需的资源如何获取、如何办理等。求职者千万别小看办公用品的领取、报销的流程等小事，一定要找前辈指点，避免走弯路浪费时间。

②部门指本部门的同事，既包括上下级，也包括平级

就实际工作开展中会涉及的流程、业务方面的问题，求职者要主动询问自己部门的同事。

问人的原则有两个：

● 找对的人问：即事先确认清楚找谁问，以免耽误大家的时间。

● 找“平”级的人问：不是只有领导才知道的问题就不要麻烦领导，尽可能找资质背景差不多的友善型的同事询问。

(2) 问物：企业内网以及培训的资料

规范化的企业都会既有针对全体员工的入职培训，又有适合个体

参加的专业培训，还会在内网上公布各种规章制度。

问物的原则只有一个：在不是处理紧急事务时，可以通过资料来快速自学的就不要询问人了。毕竟同事们的时间都是宝贵的，并且没有人是你的全天候“义务讲解员”。

95. 初到新企业如何尽快熟悉自身负责的业务?

尽快熟悉自身负责的业务的方法就是自学和问人。如下几点建议供参考：

- 何时问人：问题需要尽快解决的，要抓紧问人。
- 何时自学：技能、技巧型的问题，要抓紧自学。
- 何时问直线：直线经理乐于教你的，就多问直线经理。
- 何时问同事：直线经理不乐于教你的，就多问没有汇报关系的同事。
- 不要“不懂就问”：“不懂就问”的前提是你花时间研究了还是不懂，而不是不管什么问题都想到就问。
- 不要“在同一个地方跌倒两次”：对于自己犯过的错误，要记录、反思并且总结，绝对不要再犯。
- “要想做好事，就先做好人”：因为求职者如果想要尽快熟悉业务，那么是不可能离开和领导、同事以及各类合作伙伴的帮助和支持的，所以迅速建立起良好的人际关系是重中之重。
- 坚持“互惠互利”：对于帮助你的人也要尽己所能帮助他们。没有可帮助之处时，也要及时表达自己的感谢之情，最简单的方式就是真诚地说声“谢谢”，当然更多时候不能“光说不做”，要拿出实际行动，做一些力所能及的小事比如代买早饭、让同事搭个顺风车。正所谓“天下无难事，只怕有心人”，只要求职者自己有心，尽快上手业务并非难事。

而谁能越早建立起360度全方位的可信赖的人际关系网，谁就能越快在新企业站稳脚跟，顺利展开工作。

96. 初到新企业，如何尽快建立起和上级之间的信任感?

这里的上级包括直线领导、部门领导及更高级别的领导。初来乍到，求职者第一步肯定是先获取直线领导的信任。毕竟离开了直线领导的支持，一个人很可能会寸步难行。而获得直线领导的赏识，和直线领导建立起了信任感之后，再争取获得直线领导的上司乃至大领导们的信任感往往就会水到渠成了。

让领导们信任自己的方法很简单，就是“会说话、会做事”。只会说话、不会做事的人，是绣花枕头，空有嘴皮子功夫；只会做事，不会说话的人，容易得罪人，也容易孤芳自赏而无人识。

“会说话、会做事”的求职者通常有以下表现：

(1) 会说话包括但不限于

● 会述职：求职者不但要让领导知道为了完成任务你做了什么，更要让领导知道你怎么做的。否则你的功劳也好，苦劳也罢，谁知道呢？

● 会低调：即使拥有“鹤立鸡群”的才能，甚至某些方面比领导还要优秀，求职者也不能因此目中无人，要时刻牢记“君臣”关系。

● 会赞美：人人需要被赞美、被肯定，领导也一样。

● 不抱怨：没有领导会喜欢一个整天叫苦连连，负能量超级大的人。

● 不推诿：与他人合作产生的问题不要推诿他人。

● 不诽谤：没有领导会喜欢一个整天忙于嚼舌根、搬弄是非，破坏团队安定团结氛围的人。

● 不居功：与他人合作得来的业绩不要一人邀功。

(2) 会做事包括但不限于

● 领导要求的事要做好：超出领导的预期才叫好。

● 领导没要求的事也要做好：想在领导前面、做在领导前面才能超出领导的预期。

● 分内的事要做好：保质保量保结果。

● 分外的事也要做好：学会分清情况，知道什么忙该帮、什么忙不该帮。

● 能单干：需要单打独斗的时候，一人能应对。

● 能协作：需要整合资源的时候，能发动内外部、各层各级的相关方群策群力。

相对而言，国企更看重“会说话”的能力，外企更看重“会做事”

的能力。但无论求职者处在什么样的企业，面对什么级别、风格的领导，相信只要活干得出色、话讲得漂亮，都是不难被领导信任的。

97. 初到新企业，如何尽快建立起和下级之间的信任感?

前面提到初到新企业，和领导建立信任感很重要，但如果求职者担任的职位有下属人员，那么和下属建立信任感也同等重要。如果下属不信任你这个“空降兵”，那么你在新企业的工作开展势必会受到一定程度的阻碍了。

除了前面问题96提到的“会说话、会做事”外，建议通过如下措施加强与下属的信任感：

● 拉近距离、了解彼此：创造机会(如组织team building)让下属走近你，也让你能主动地走近下属，因为彼此了解是建立信任感的基础。

● 要支持、要放权：因为“支持+放权”是下属最希望从领导那获得的，所以求职者为下属布置任务时，该支持的时候要毫不犹豫地给予下属最大程度的支持，该放权的时候要不担忧后果地充分授权。

● 要尊重、要平等：批评要对事不对人，不能进行人身攻击；上下级在行政关系上有身份差异，但人格是平等的；做领导的若时时刻刻摆出“我是领导，你们都得听我的”的姿态，不会尊重下属，不讲究人格平等，是不可能取得下属的信任的。

● 赏罚分明、公平公正：不能因个人感情等因素而使赏罚有所偏颇。如果不能维持相对的公平公正，那么求职者是不可能在团队中树立威信，也是不可能取得下属的信任的。

● 因人而异、扬长避短：在对每一个下属有一定了解的基础上，求职者布置任务时应尽可能地让每个人都能够发挥所长。

● 因材施教、投其所好：培养下属，提高其能力要采取其乐于接受的方法手段；而激励下属时，既要考虑下属想要什么，也要立足于你能给什么。

虽然好领导的风格可以各有千秋，但其做人做事的原则应该都是相仿的。求职者如果想取得下属的信任、爱戴，那么靠的绝对不应是职位本身附带的权威，而应是个人的品性和修养。

98. 初到新企业，如何尽快建立起和平级之间的信任感？

要和平级建立信任感，也需要前面反复提到的“会说话、会做事”。区别是因为没有了隶属关系，求职者和同事彼此在行政关系上是平等的，谁都没有权力命令另一方做什么或不做什么，所以更需要发挥人格魅力了。

建议要尽量多多综合运用前述提到的办法，如“互惠互利”“投其所好”等。相信“人心都是肉长的”，通过综合运用这些方法，即使面对其他部门的平级同事，求职者也可以快速建立起合作所需要的信任感。

99. 如果发现新企业不符合自己的预期怎么办？

不符合预期的情况既可以是和面试时承诺的情况不符，也可以是和自己预估的情况不符。其中，又可以分为三个类型：职位不符、人际关系不符、发展前景不符。

(1) 职位不符

包括职级不符、层级不符、职责不符等。

[注]职级是企业内部对员工的行政级别划分的等级。

层级是指部门在企业的组织结构中所处的等级。

(2) 人际关系不符

包括汇报线关系不符、团队规模不符、融洽度不符等。

(3) 发展前景不符

包括职位发展前景不符、部门发展前景不符、企业发展前景不符等。

不管发生了哪一种情况，求职者要做的都是先观察，后思考；先分析，后行动。千万不要立即做出“走人”的决定，毕竟情况是可能发生变化的。况且面对与预期不符的情况，首先应该选择积极面对、努力扭转；消极回避、一走了之应该是最后一招。

建议按照以下的路径思考：

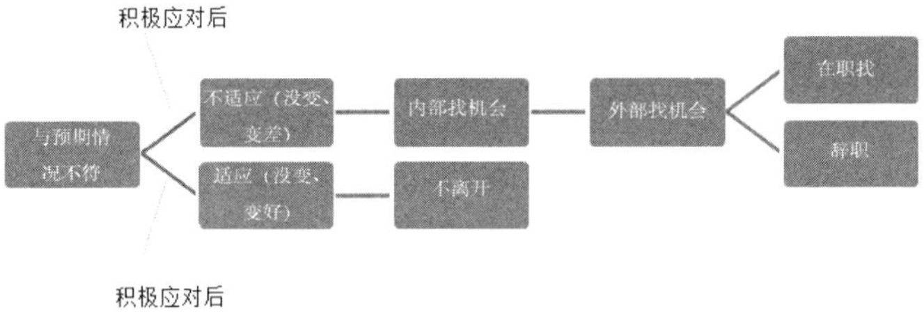

[注]1. 内部找机会的前提是对企业维度是认可的；若确定内部不会有机会，就应该直接跳到外部找机会。

2. 适应周期建议控制在3–6个月。

求职者加入新企业后，发现和自己预期不符的情况是很常见的。如果因为与承诺不符而愤怒，或因与预估不符而郁闷，那么都无助于解决实际问题。我们需要做的首先是调整心态，然后分析局势，最后按实际情况应对。建议求职者既不要轻易做“逃兵”，也不要傻愣愣地在“一棵树上吊死”。

100. 在新企业干得挺顺心的，但加入不久后又有机会找我该怎么办?

这里所谓的“不久”是指一年内。这种情况下，建议宜静不宜动：

①若非视为“梦中情人”的机会，就不要去耗时接触。

②如果这个机会看上去很好，但接触后却觉得这并非是“梦中情人”的机会，就不要去再次跳槽。

因为接触机会是需要面试的，面试通常又是安排在上班时间的，所以求职者势必需要请假，三番两次后难保不让刚加入的新企业知道你有“二心”。如果新机会没有拿到Offer，岂不是“偷鸡不成蚀把米”?

即使在新企业干得不错，相信肯定还是会有不少人抱着诸如“我想寻找更好的机会难道有错？”、“有更好的机会不去把握，岂不可惜？”以及“机会不去接触过，我怎么知道合适不合适自己呢？万一比目前的更合适，我岂不吃大亏了？”的想法。

上述想法虽然有合理性，但对于抱着“宁可错杀一千，不可放过一个”心态的求职者，作者想提醒的是：人的精力是有限的。凡事要考虑机会成本，考虑投入和产出比，考虑机遇背后的风险。换工作如此，换对象也如此。做选择的时候过于追求“没有最好，只有更好”的话，容易出问题。求职者必须了解：职场上虽然总存在很多“职业”机会，但真正适合你的“事业”机会却是可遇而不可求的。而要把当前的“职业”变成“事业”，是需要一定时间的积累与思考的。如果始终在各种所谓的“机会”之间摇摆，那么又怎能找到真正适合你的人生舞台呢?

如果求职者一定要在加入新企业不久后，做得还不错的情况下继续接触外部机会的话，作者建议：

①把握时间：入职6个月内，最好是试用期(一般是3个月或6个月)内才可以接触，因为一来不会有一个月离职期的限制，二来简历上可以作适当的“修饰”。如果超过了这段时间，还是建议先不要接触为好。

②控制数量：最多不超过2个。

101. 如果进入新企业不久后，原先求职中接触到的另一家更心仪的企业来找我该怎么办?

关于这个问题，需要结合你和那家企业接触的阶段来分情况讨论：

(1) 初步面试阶段

这一阶段包括非最终轮面试前的所有各种形式的面试。若在目前新加入的企业干得还不错，作者建议求职者还是放弃另一家企业的机会，以免落得两头空。

当然，求职者可以在放弃前再打听一下这个机会方方面面的情况，比如有没有什么内幕等，为今后的跳槽之路积累经验值。

(2) 终面安排阶段

如果求职者顺利通过此轮面试即可进入到协商Offer阶段，那么建议一试。

当然同样地，求职者最好事先询问清楚整个招聘流程，并打听一下这个职位招聘过程中的波折，再慎重考虑自己是否要尝试。尤其当这家企业已经很久未与你联系，且并未告知你原因的情况下，你不能排除自己是作为陪衬或备胎的可能性。

(3) 协商 Offer 阶段

这一阶段就是谈薪阶段了。既然是“临门一脚”的时候了，作者建议求职者自然是要去谈的。不管之前对方是否曾告知他们准备和你谈 Offer 了，也不管你是否是他们心目中的最佳人选，只要对方这次找你是表态要和你协商 Offer 了，那么谈一下无妨。

需要提醒的是：

● 把握好谈薪的度：谈一个怎样的薪水是你不吃亏又体现你诚意的。

● 把握好信息传递的度：是否告知对方你已经加入一家新企业这一情况。这需要视目标企业的风格、加入目前企业的时长和目标企业的竞争力而定，说与不说取决于是不是加分项。

本章小结：

信任是基础，建立起信任感是维持一段关系的基石。婚姻如此，企业和雇员也如此。和婚姻生活需要时间磨合一样，适应新加入的企业也如此。和不能轻易离婚一样，我们也不能轻易就选择离开新加入的企业。因为但凡是经过慎重考虑后的“结合”，彼此总是存在一定的适合性，所以不要因为磨合过程中的一点点不如意而盲目地再次选择“结合”的对象。当然，如果的确不合适，或者的确有更合适的选择对象，我们需要有迈出那一步的勇气。在人生路上，谁都不敢保证自己在事业和家庭的选择上不犯错，我们能做的只有在不断吸取经验教训的过程中，尽量不犯同样的错误，并保持不断前行。

第十五章
嫁入豪门之岁月漫漫——入职后的人际关系

102. 如何和同事维护良好的伙伴关系?

维护良好的伙伴关系本质上是维护彼此的信任感(建立信任感在第十四章中有专门阐述，其中很多的建议也同样适用于关系维护，感兴趣者可以去查阅。)。如何维护上级、下级、平级对自己的信任感，达到双赢、多赢的结果呢?

(1) 讲原则、有立场

墙头草、两边倒的人并不受欢迎，也不会被信任。做人要讲原则，做事要有立场。不要怕得罪人，工作中的矛盾冲突是无法避免的，关键是如何去处理、去化解。

(2) 换位思考

无论对方是上级、下级还是平级，求职者都需要做到站在对方的角度考虑问题。这样做不仅能够防止出现对人不对事的处理问题方式，更能够避免不必要的误会、争执，尽可能把所有人都引到解决问题的思路上来，以便求同存异、达成共识，谋求大家的利益最大化或损失最小化。

(3) 乐于助人

无论对于工作上还是生活中各类大小事件，只要能够帮助到他人，都是善莫大焉的。当然乐于助人不等于做老好人，要学会选择帮助值得帮助的人。

(4) 有容人的雅量

所谓“做人要难得糊涂”，凡事不要斤斤计较，入职以后，胸襟要放得开阔些，不要因为工作中的一些冲突、对立就随便和人“拉仇恨”。也不要单纯因为别人的个性和自己截然不同就避而远之。人在职场如在江湖，要有面对“林子大了，什么样的鸟都有”的肚量。虽然自己可以选择做君子，但也要有容人的雅量。要相信群众的眼睛都是雪亮的，孰是孰非，大家心里都有杆秤的。

(5) 保持安全距离

安全距离即不太近也不太远，让彼此都感觉相处得舒服的最佳距离。别只和领导套近乎，让其他人觉得你就是在玩溜须拍马；也别只和几个同事走得特别近，让其他人觉得你们是小团体；更别一个人独来独往，刷不出存在感，让其他人觉得你不是孤傲就是木讷。换句话说，请秉承中庸之道，顾及各方。

对上级来说，你是信得过的得力干将；对下级来说，你是可依靠的牛逼老板；对平级来说，你是可信赖的黄金搭档；那么，你的伙伴关系维护得那真叫是杠杠的。

103. 如何和猎头维护良好的伙伴关系?

如果能和值得信赖的专业猎头维护好关系，那么你的职场发展之路一定会得道多助，因为好猎头不仅可以给你提供跳槽的机会，更可以给你提供职场发展的建议。

而要与猎头维护好关系，必须注意“工夫在平时”。猎头只是一种职业，做这种职业的也是普通人。求职者如果能够把猎头当朋友看待、对待，不要过于功利，在平时就建立对等互利的关系，自然就能获取其信任，让其在需要时作为朋友为你出谋划策；反之，如果求职者只是把猎头当跳槽求职的工具，需要时招之则来，不需要时挥之则去，那又怎能要求对方真心待你呢?

104. 如何和应聘过的企业人事、部门建立联系、维护关系?

在跳槽应聘时，我们常会遇到自己心仪的企业没有面试成功的情况。没有面试成功的原因往往是多种多样的，很多时候原因不在于我们自己。只要求职者明白和这家企业一次的面试失利并不代表今后也没有机会了，就应该继续争取和该企业的人事、部门建立并维护关系。具体而言，凡事要趁早、要坚持。

(1) 要趁早：应聘期间争取建立联系

尽可能获得人事、部门的联系方式，如手机、邮箱等。不管是通过短信（微信）还是邮件，求职者都应在整个接触流程中及时表达感谢、肯定、赞美、理解等正能量的情绪。这样做，既能传递给对方你对于他们个人的认可，又能表明你加入企业的强烈意愿。但求职者应谨记不要过多联系，以免造成骚扰；切记只有用心找准时机，才能留下深刻印象。

(2) 要坚持：应聘之后努力维护关系

确认面试失利的消息以后，求职者首先仍要表达感谢之情，其次可以礼貌的说法获得手机、微信号等联系方式，最后是记得逢年过节发祝福；若彼此有社交工具如微信账号，记得常点赞；有获得该企业任何的招聘信息可以向人事或部门询问后，及时毛遂自荐或推荐朋友；更可以挖掘下共同话题，闲来可以聊聊天。这样一来二去，彼此的关系自然就近了。

客观说，部门未必肯留联系方式给你，但负责招聘的人事一般会肯。其实只要求职者能够和负责招聘的人事保持动态的长期联系，想让其对你印象不深都难。那么，一旦有合适的机会，至少人事会第一时间想到你，这样的关系维护自然就算成功了。

105. 如何和朋友维护良好的伙伴关系?

拥有莫逆之交是人生何等幸事？有一群靠谱的朋友不仅会给你的职场发展带来意想不到的帮助，也会让你的生活变得更加多姿多彩。

朋友包括什么：

按行业分

- 同行业的朋友：同学、前同事；
- 非同行业的朋友：同学、前同事（跳槽去了其他行业）。

按业务关系分

- 有直接业务关系；
- 有间接业务关系；
- 没有业务关系。

按现实和虚拟分

- 见过面的线下朋友；
- 没见过面的线上朋友。

按亲疏分

- 生死之交（死党、闺蜜、发小等）；
- 普通朋友；
- 介于两者之间。

按“一起干什么”分

- 球友；
- 饭友；
- 驴友；
- 书友。

……

朋友可以有各种各样的分类方法，建议大家按个人喜好进行分类管理。基于社交网络的蓬勃发展，如今任何一个普通人的朋友圈较之过往任何年代来说，都是庞大的。通过网络可以把从小到大的同学都聚集起来，可以把有共同爱好的陌生人都聚集起来，可以把天南海北的人都连接起来。换句话说，只要有心，人人都不缺朋友。但正因如此，如今的人更需要高效地管理、维护自己的朋友圈——人脉网络。

作者在此就维护朋友关系，维护彼此的信任给六句顺口溜，仅供参考：

- 靠谱朋友挂心头，有事没事多联系；
- 二八定律要牢记，精力分配要得当；

- 线上线下都要抓，各类信息多分享
- 人以群分莫忘记，自己能级要修炼
- 做人做事有气魄，个性见解多发挥
- 每临大事有担当，为人出力要尽力

简单说，作者认为结交朋友做到将心比心，以心换心就足够了。只要能结交到几个真心朋友，你的跳槽之路就会多许多的助力。

106. 如何和亲人维护良好的伙伴关系?

很多人忙于维护外面的各种人际关系，反而忽略了与自己最亲的亲人的关系。很多人在外面是绅士淑女，回到家就变成屠夫悍妇了。但因为一个人要想事业有成，是离不开亲人支持的，所以作者将这个问题作为本章也是上部的最后一个问题，希望引起大家的重视。

跳槽需要自己拿主意，但是也需要求职者在评估目标职位与自己所处的人生阶段、家庭情况等是否适合的基础上，广泛征求亲人包括父母、配偶以及孩子的意见。如果不能获得他们的支持，那么求职者就要意识到自己的选择本身是有缺陷的，算不上一次成功的选择。**不管是和父母、配偶还是孩子，求职者要建立维护好同等重要的伙伴关系，都不是单靠本能的亲情就够的，也是需要认真付出时间和精力来多做有效沟通的。**

对于如何做有效的沟通，作者个人的体会是：顾及对方的感受，以对方能够理解并且接受的方式说话。也就是说，对于父母、配偶以及孩子，我们需要用不同的沟通方式去对待他们。不管他们的认知水平如何，我们都要尽可能地把我们的想法（我们为什么想这么做或不这么做）传递给他们。即使亲人们不能百分百地认同你的观点，只要他们觉得你是尊重他们的，你做决定时没有把他们排除在外，他们就还是会支持你的决定的。

只要求职者能把家庭利益作为一个整体考量，关于跳槽的选择就不会错得离谱，和家庭成员们的关系也就一定会保持和谐融洽。

本章小结：

作者认为任何人之间拥有的良好关系应该都是平等、信任、互助、依赖的伙伴关系。而要维护好伙伴关系，求职者必须学会常问自己一个问题："我能给XX带来什么？"。通过跳槽有了一份新工作，通过相亲有了一个好对象都只是开始，接下去的路还长着呢。如何成为一个值得大家信赖的伙伴并不容易，让我们一起努力吧！

下部

职场沉浮20例与22条准则

01 自我认知之性格决定命运——谁是赢家

案例：

A：

男，本科，学校一般。工作6年，一直在一家独资汽车部件企业做技术工作。年薪十五万。A得到一个汽车独资厂家的机会，薪水涨幅超过行业水平且超过个人预期，于是A接受Offer。提出离职后遭遇老板挽留，A产生犹豫，之后经猎头分析利弊决定离开，再次提出离职，老板再次挽留，最终A决定不离职了。

B：

男，本科，学校一般。工作7年，曾就职过5家企业（还不算2家只呆了3个月左右的）。呆过的企业不是厂家就是经销商集团。这样的跳槽频率是极其高的，一般的人如果拥有这样的跳槽频率，基本上就是“跳坏了”，猎头按照常识判断认为B不会是个优秀人才。但与猎头预计的恰恰相反，B当时年薪已经过百万了。

为什么类似背景下的两人薪资差异却那么大，难道真的是跳槽多就赚钱多吗?

准则1：依性格行事，改性格成事

一个选择不跳，一个不断在跳。两个人的钱都涨了，两个人的目的都达到了。不过若以他们的实际收入为衡量，作者觉得 A 谈不上赢家， B 可以算赢家。

两人跳槽的出发点都是为了钱（没有谁比谁更高尚），为什么作者的评价不同呢?

虽然评价一个人讲究“盖棺定论”，但是中国自古有话“三岁看到老”，西方也有名言“性格决定命运”，所以作者认为职场人的发展轨迹往往从一开始就被决定了。

性格没有好坏之分。比如“瞻前顾后”也可以说成是“谨慎”，事实上不存在绝对的优点，也不存在绝对的缺点。搁这人身上是优点，搁那人身上就是缺点了。衡量的尺度往往也是因人、因时而异的。虽然我们可以自在地活在自己的价值评估体系里，但也要时不时地看看:在别人的价值评估体系里自己的谨慎是否已经属于瞻前顾后。

作者通过此案例要谈的仅仅是赚钱能力的大小。这个能力，在作者看来至少有五成是靠性格驱动的。不敢冒风险的（谨小慎微、胆小怕事、瞻前顾后，左右摇摆）、不敢担当的（不愿意负责任、不愿意拍板、不愿意站出来扛的）、不求改变的人是很难赚大钱的。

A: 畏惧付出，所以也就不能指望得到。缺少的不是分析的能力，而是改变的勇气。赚小钱行，赚大钱难。

当年此人的前期沟通不是作者亲自做的。后来因为 A 虽然接了 Offer，但迟迟没有明确说离职顺利与否，所以作者被安排再去做沟通。作者发现 A 是内向、不善沟通的人，且容易受外界言论干扰，性格优柔寡断。那么客户为什么会看上他呢? 因为 A 是“高性价比”的人，即薪水不高但能干活。只可惜客户和猎头都没有想到对他来说，迈出跳槽那步如此之难。

虽然不能简单地认为，被老板挽留下来的人都不会有“好下场”，也不能认为老板挽留都只是为了工作有人干，但经验告诉我们，被挽留的人最终还是会选择离开。因为他们跳槽更多地是为了金钱背后的发展。而只有聪明人才会懂得权衡和取舍。

如果你预估到两年内没有发展空间，甚至更久都不会有。甚至过去的两年里，你无论是能力还是薪水都在“原地踏步”，那么你还会相信你老板画的那个大饼吗?

如果行业里目前某个职能的人才招聘已经疯狂，各家企业都在抢人，只要是做过这个职能的人就会拿到Offer，区别只是拿几个Offer的情况下，员工挽留计划变成了阳光普照奖。如果是你，你还会认为老板留你，给你加点钱是因为他要重用你吗?

以上的答案对于有点分析能力的人而言，都是不言自明的。那么，为什么A还是选择不走呢?只可能是他害怕改变，害怕改变后的风险。新的企业，一切都是未知的。他害怕了，他选择安逸地在老的环境中生存。何况老东家加了薪后和新机会给的薪资相差不多。他无疑觉得自己的算盘打得不错。

但是A忘记了一个道理：天底下有什么是不会变的呢?或许他的老东家很快会被收购(这家企业已经卖了不少业务)，或许他的直线经理会比他先离开，或许留下没多久后老板就提拔了另一个和他年资相仿的同事，或许……可能不出两年，他就会后悔，就会再次琢磨是否要跳槽。估计有人想说这也不坏。是不坏，但谈不上好，称不上赢家。

B：知道自己想要什么，努力去争取，或者更该说是愿意付出比别人更多的心血。他能赚大钱，也不会放过小钱。

如果说一、两次是运气，是跟对了老板，是会做人。那么三次、五次呢？只能说B一定是有本事的，不管在业务层面还是人际层面。不管他用了什么样的手段和技巧，作者相信其一定有过人之处。否则大家都只要去跳槽就万事大吉了，就都能赚取高薪了。这些知名的企业看到之前每家企业任职的时间均不长， 按人事的惯常判断这样的人是断然不会要的，但是B就偏偏成了例外。

不管今后他会如何，至少你不得不承认B一定是有本事的人。不要嫉妒地说那都是运气，或者说是关系户(关系户一般是不会跳槽的)。同样追求大家都追求的东西，如金钱，B是否拿出了别人拿不出的什么呢? “敢于冒险、能迅速适应新环境，能发现问题、反映问题，更能解决问题，敢于完成不可能的任务”等的评价似乎都可以用在B身上。作者认为只能说成功永远属于付出更多的人。

虽然性格很难改变，但也并非完全改变不了。关键还是那句话：你想要得到什么，你就得付出什么。作者并不想在最后激励大家都去追求大成，鼓吹大成；或者安慰大家大成者少，小成者众，我们一起知足常乐；作者只想说我们要学会先改变能改变的，再接受不能改变的。努力依性格行事，争取改性格成事！

02
自我认知之行动决定未来——上下求索

案例：

C：

男，做学生的时候，可以说是学霸。高考从上海考入北京，进了历年全国排名位于前三的学府。在高手如云的学府中，靠着自己的苦读也算成绩尚可。毕业时C和他的同学们一样迷茫，学数学的出来做什么？做研究就必须继续深造，虽然对于他们来说，申请国外一流大学并非难事，但他自己并不想继续做数学研究。听说不少学数学的师长们都去做金融了，这个高收入的行业固然好，可惜也不是自己的兴趣所在。

本来想往IT领域发展，可发现虽然自学过一些IT编程，但敌不过科班的正规军。最后，思来想去觉得只有尝试做销售。熟悉他的朋友都劝他，觉得他内向、朴实的个性不适合做销售。但是，C急于在回上海前找好工作，还是加入了一家日系企业做销售。该企业用的是代理商模式，销售做得并不算太累，可是不久以后，C感觉到了自己的个性的确不适合做销售。正巧之前实习过的一家公司要招开发人员，C觉得能够做回IT倒是个不错的选择，就加入了。在这家小型民企，C看到了中国草根阶级的企业是如何谋生的，工作做得不坏，可总觉得看不到自己的未来。迷茫的心理状态下，产生了巨大的包袱，使他病倒了。这一病使他想明白了很多事情，包括自己究竟该做什么。

与家里人探讨后，C决心做真正自己喜欢的事情：做孩子王。他顺利考取了国内排名第一的幼儿教育的研究生。现在，他用自己的数学统计功底在学术上创建了一片天地，而他编写的幼儿教育App也帮助家长们陪伴无数小朋友渡过了快乐的时光。

C君这么折腾自己有必要吗？

准则2：认识自我永不嫌晚

C君的职场之路如果算不上坎坷，也绝对算不上平坦。从学数学到做孩子王，从做销售、技术到做幼儿教育的研究者，可以说其经历也算特别，其转型也算巨大。

如今，他终于找到了自己的职业方向，不管未来如何，作者觉得我们至少可以向他学习一点：勇气——认识自我的勇气。这种敢于不断拷问自己的内心，在不断尝试中努力发现自己适合做什么的人并不多。（关于自我认识的问题，读者可以参见上部第三章的相关内容。）

C君“浪费”了不少的时间琢磨明白了自己适合做什么，而我们很多人却根本意识不到这需要琢磨。回想毕业当年，多少人是父母说公务员稳定，就去考公务员；多少人是学长们说银行钱多，就去投银行；又多少人是觉得女孩子做文员好，男孩子做技术佳，销售适合油嘴滑舌的人去做。再往前追溯，当年填写高考志愿的时候，我们又有几人清楚或会去思考一下自己的兴趣是什么，自己感兴趣的专业会学点什么、出来后能做点什么呢？我们都在忙着研究学校排名、热门专业。当然，即便如此，因为我们中的不少人也把活干得不错，钱挣得不少，所以慢慢自己也觉得自己就适合干手头的活儿，并且工作就是为了赚钱养家。

毕业后，觉得自己找的工作不如意的人并不会少。但是，很多人要么选择忍耐，要么盲目地换工作，频繁地跳槽。几年之后依旧不知道自己适合做什么；或者为了自己感兴趣的工作，应该学些什么、提高些什么；或者道理都清楚了，但就是付诸不了行动或坚持不了。像C君这样敢于跨专业去重新学习的人恐怕可以算异类了。而我们更多地是报个外语学习班就觉得能提高自己的口语水平，然后跻身世界

500强大公司就算达到事业巅峰了。

即使毕业后，顺风顺水地找到如意的工作，干得也不赖，也不能因此就断定已经找到最适合自己的工作了。如今的社会发展太快，行业在升级、产业在转型，职场的瓶颈期也往往会更早地到来。谁能保证自己会一直做个螺丝钉？谁又能保证可以一直在某个领域里以不变应万变？

如果没有找到自己真正感兴趣的领域，没有认识到自己真正的所长，即使能将事情做好，也很难将事情做到最好。

不管在职场行走多久，探究自我、认识自我永远都不嫌晚。我们不妨问自己一个问题：目前我的工作是最适合我的吗？

03

内部跳槽之任我行——老板，你好

案例：

D：

女，硕士，毕业后就在行业内的一家大型合资整车厂家工作，从研发中心的工程师做起，内部转岗到了市场部做产品规划，2014 年又转岗做起了产品培训，并在同一年升级为妈妈。

在毕业以后漫长的年月里，D 君不是没接触过外部机会，但是没有遇到过双方合意的情况。不过，其已经在公司内部顺风顺水地成功转型了两次。

D 君和作者说到最近的转型时，D 君很是满意，感觉培训工作比规划工作有趣得多。在大公司工作的人都知道，除非公司内部的轮岗机制有效，否则很难实现内部转型。道理很简单：你有用，现部门老板不愿意放你走；你没用，新部门老板不会挑得中你。而 D 君此次转型之所以顺利，全由于其老板转去负责培训部门了，作为老部下，D 君被自然地调过去了。

D 君的发展是不是给你一种水到渠成的感觉，那么为什么别人想都不敢想的事情，她却做到了呢？事实上，其身上除了有典型工程师的严谨特质外，并无其他明显的过人之处。

准则3：珍惜能够为你创造机会的老板

如果求职者希望像D君这样开展职能转型，那么最好先判断内部有没有机会。因为求职者如果能在内部发现机会，那么转型成功的几率将比找外部机会大很多，而且这种几率和现部门老板的关系好坏成正比。(关于如何与老板维护良好的关系的问题，读者可以参见上部第十五章的相关内容。)

一些公司的机制设置可以让现部门的老板理论上没有权力“阻止”下属的流动。但是，大家都知道机制是死的，人是活的；体系是理性的，人是感性的。组织靠的是人，大家都明白只要自己还在当前的组织里，就不能和现部门老板“过不去”。更何况，据作者所知不少现实的情况是当现部门老板表态不愿意放人的时候，新部门老板往往也就对你“忍痛割爱”了。培养谁不是培养呢？没必要和自己同僚红脸。所以说现部门老板愿意让你转岗，本质上就是为你提供了机会。

而现部门老板若自己高升了、转岗了、跳槽了、创业了，无论哪种情形，其还挂念你，愿意为你留个职位也就是机会，你能不偷着乐吗？即使你对这个机会不感兴趣，你也多少会激动一下。要是你对这个机会感兴趣，你就更难不产生感恩戴德的情愫。这都是人之常情。

在职场上行走，务必珍惜能够为你提供机会的人，其中自然包括你的老板们。当然，想要享受这等福利，求职者自然得自己会做人、能办事。当然凡事都讲求个缘分，员工和老板间讲究的是“气味相投”否，毕竟君子和小人是“道不同，不相为谋”的。我们不可能决定别人做什么人，但我们能决定自己做什么人。

04
外部跳槽之任我行——猎头，你好

案例：

E：

女，本科，毕业后即进入市场调研行业，一共呆过 2 家企业，最近一家步步高升到经理。E 君给人感觉亲切热情，易于沟通和相处。其 2014 年从调研公司（乙方）跳槽到了一家外资公司（甲方）。她的这次跳槽经历非常有意思，因为当时她已经辞职在家有两个月了，并未在网上公开简历。如果作为猎头的作者没有遇到推荐她的人，之前也并不认识她的话，那么联系到她的概率无疑如海底捞针。

巧的是，招聘方的部门直线当年正是由作者推荐进该企业的。这位部门直线向作者推荐了 E 君。故事说到这里，谁都能猜出只要 E 君有意向，这事八九不离十。其实这种情况在科锐国际的猎头顾问中时有发生，并不足为奇。果然，E 君表示愿意考虑这个机会。之后她一轮轮面试得都很顺利，部门和人事看 E 君也都很顺眼。最后在出薪资的时候，人事竭尽所能，E 君也没有讨价还价。最终虽然 E 君的薪资并未有多少涨幅（乙方的工资通常高于甲方），但却因为过程顺顺利利而形成了皆大欢喜的结局。

请问：谁占了最大的便宜？是猎头吗？

准则4：珍惜能够做你职场助推器的猎头

作者知道很多人会产生一个疑问：既然部门和应聘者彼此认识，为何还要大费周章地通过猎头渠道呢？

从部门角度来说，其完全可以让这个应聘者直接投递简历给人事或自己直接转发简历给人事。这都可以视其与人事过去合作的经验而定。从应聘者角度来说，其也完全可以把简历递交给部门，或依据部门的指示将简历递交给人事。道理没错，但须知还有避嫌一说。更重要的是，如果有个中间人斡旋的话，那么双方可以避免不必要的尴尬。比如，部门和应聘者虽然认识，但不确定其是否有意向应聘，而自己或人事又都不方便出面。再比如在薪酬问题上，双方直接谈判恐怕会伤感情，尺度不好拿捏。此时如果猎头能作为中间人斡旋，那么双方进退就方便得多了。

如果部门或人事和猎头的关系好，那么他们通过猎头物色相中的人才的机会是很多的。事实上，这只是猎头顾问在人际关系方面能耐的一种体现而已。简单说，好猎头就是能够尽可能增大你跳槽成功几率，并且尽可能减少你跳槽风险几率的猎头。除了天上掉馅饼的情况外，我们需要对接触的猎头进行适当的筛选、合理的评估并积极地维护能够给你助力的猎头。

至于这样的猎头具备什么特征，可以参看上部第十一章的说明。

05

内外部跳槽之任我行——时刻准备着

案例：

F：

男，本科，211 学校，毕业之后进了一家大型民企，轮转过多个岗位，2012 年跳槽到一家德资公司，当时他也才 28 岁。但年纪轻轻的他形象气质佳，思维敏捷，并且具有一流的英语水平和很强的沟通表达能力。

F 君在 2012 年的跳槽是由作者经手的。当时，他从一家自主品牌的车企跳槽到了一家德资独资的豪华品牌车企，从负责海外市场的销售到负责中国市场的前期项目管理，跳槽前后差异巨大。这个案子可以说是作者经手的最不可能成功的案子之一。因为首先，从自主品牌到豪华车品牌的跳槽就几乎是不可能的；其次，从销售到项目管理的转型也几乎是不可能的。但 F 君竟然一次就搞定了，而且过程并不艰难，反而可以说非常顺利。其经历让作者再次体会到“凡事都有例外”这句话。只要你够牛逼，你就可以是那个例外。

事情还没说完。2014 年，F 君成功地拿到内部的机会，从负责新能源车的项目转而负责车联网的项目，职务从项目组长变为了经理。作者清楚地知道这个职位是内外皆有高手在竞争。但得知 F 君也参与角逐后，作者便有种非他莫属的直觉。果不其然，F 君成功拿到机会。

F 君是天才吗？每次跳槽、转型时都有神助吗？

准则5：机遇总是留给有准备的人

当年F君并非一定要转型，也并非一定要跃入“豪门”，但其就这么顺利地实现了华丽转身。只能说：机遇总是留给有准备的人。自助者天助也。

当年招聘方的要求并不苛刻，要的就是英语流利+沟通表达能力强+有项目管理经验+有新能源车的知识。实际上最重要的是前两点，而很多人偏偏就是败在前两点上的。别说自主品牌，就是外资品牌，英语口语好的人也并不多见。F君所在的企业，同属做海外市场的人，不少也仅仅是英语可以开口的程度。F君的英语水平可以说在汽车整车业内算得上鹤立鸡群，这点出乎了作者的意料，想必也出乎了德国人的意料。外加他综合素质很好，成功拿到机会是顺理成章的事了。作者至今还记得F君提供的薪资证明的说明（英文）那样地有逻辑、有条理，让人一目了然。

很多人都知道外语能力的重要性。今后别说应聘外企，就是应聘民企、国企，只要企业想进一步“走出去”，对人才的外语能力的要求都只会越来越高。虽然外语能力只是一个硬性技能，可是有多少人能在机遇来临的时候，真正准备好了呢?

F君之后拿到内部的升职机会的过程，也可以说是顺理成章的。因为和外部人相比，他作为内部人更熟悉企业文化、规章制度和流程体系，并且已经有了良好的人际关系；而和内部其他人选比较，基于之前的工作性质，他又更熟悉如何与德国总部的相应部门打交道。

若两年内F君的工作表现不佳，人际关系不和，那么目前所言的顺理成章就会变成截然相反的情况。由此可见，F君的成功靠的绝非是一而再、再而三的运气。

我们千万别让自己变成一种人：总喜欢把别人的成功看成是走运，却不知别人背后的付出；总抱怨企业的招聘要求过于苛刻或自己的领导偏心不公正，却不知反思自己在能力、思想、态度上和优秀的人存在的各种差距。

凡事工夫在平时，只有不断努力提升自己，才能如F君那样看似轻松地一路策马向前。

而南方是湿冷（首推上海），没有暖气供应，很多北方人去了后非常不适应。若没做好充分的思想准备和较强的适应能力，换个城市工作难免产生巨大的心理落差和各种不适症状。

求职者跳槽大多是为了赚更多的钱（可能以牺牲生活品质为代价）、提高生活的品质（比如结束和家人两地相隔的局面）以及离开是非圈子。这些目标只要不是非通过异地跳槽来实现，求职者就无需选择这一步。毕竟工作是生活的一部分，本质上是为了更好地生活（不管是为了自己还是为了全人类），脱离了这点，工作就丧失了其自身最大的价值。

07

转型之说好的转型——为什么不跳了

案例：

H：

男，“211”学校，工科硕士毕业进入国企的研发中心。当年三十一岁，典型技术男。不善言辞，为人诚恳，做的技术是很专的尺寸工程。非上海人，但已经落户。其口口声声说自己要转型，不想再做纯技术的工作，想要去外资车厂，最后因为自己毕业就呆着的国企内部有一个升一级的级别评定，以及就在眼前没两个月就会发的年终奖金，最终H决定还是不跳了，将到手的Offer给拒绝了。

有没有然后呢？有的。

两年后，该同志打电话来找作者了。先是寒暄地问我是否还在科锐国际做猎头，大赞了我的稳定后，才问道外面有没有什么机会，最好还是和项目管理沾边的，还询问起上次被拒绝的企业是否最近还有类似的机会。一切又回到了原点……但时间耽搁了两年。

那么H君到底想不想转型呢？

准则7：知道自己要什么

大多数人和H君一样，追求的是稳定，害怕的是风险。虽然跳槽一定是有风险的，但大部分跳槽的风险是不大的。如果一定要评估风险，那么一般来说职位越高，风险才越大。

很多人在一个地方磨磨唧唧几年，突然内心痒痒了，突然觉得无趣了，突然觉得没空间了，然后就想跳槽看机会了。H 君当初看机会的动机就是这么产生的。

可一旦机会在面前了，又开始推三阻四，又开始犹豫不决， 又开始担心这个担心那个了。

最可怕的就是你的老板——英明的老板，早知道你有这个心思或者可能有，给你报个培训、让你拿个职称或者只是给你画个饼，你又觉得前路光明，然后又觉得外面的世道险恶。

这些招数对于没跳过槽的人尤其管用，然后他们就收起想跳槽的念头了。H 君就是如此。

其实跳与不跳都没有对与错。只是你要明白：你要的是什么。不要迷失了自己本来的追求！如果你要的就是涨薪、升职。内部有机会，你自然可以省力不走。但是接下去呢？能不能走一步，想两步？

一些人，尤其是工程师，除了因为被禁业协议、培训协议“套牢”外，就是因为领导的一个充满光明前景的承诺、一个小幅度的涨薪，而在最终关头表示不想跳了（关于辞职、谈薪时涉及的协议问题，读者可以参见上部第十二、十三章的相关内容）。他们不明白的是，大企业选择人才通常是很苛刻的：非某个年龄以下不选，非做过某些岗位不选。隔两三年，你才因为彻底意识到内部没机会而想要离开，但时间点已经过了。这时，你会发现那些当年一同谋划跳槽的人们，要么通过跳槽提升了能力、增加了岗位经验，要么提升了公司品牌、发展平台。试想，如果他们来与你竞争，那么你拿什么去与他们 PK 呢？

说到底，如果不敢去重新适应新的环境、流程体系、新的人际的话，那么求职者就选择好好呆着吧。如果还是有不甘心，那就勇敢地去选择吧，怎么选都行，选择对了自己适合的路就要坚定地走下去。

08

转型之说好的转型——还是跳去老本行

案例：

I：

男，国外念的计算机，回国后基于自己绘画的基础以及对绘画的热爱，从事 3D 美术设计。此君设计技术了得，平日兼职做培训老师。在 2015 年年初为了让自己在而立之年更上一层楼，决心离职。

因为是老同学的关系，其将各种情况都和作者说了，想让作者这个做猎头的给做做求职辅导，为其梳理梳理离职原因、薪资谈判、薪资证明等问题。当时得知的最重要的信息是其想转型做手游。

没过多久，此君找好了工作要请客作者。果不其然，I 君是去了国内互联网行业三巨头之一旗下新成立的子公司，该公司主营游戏业务板块，I 君跳去还是做资深 3D 美术设计。作者想到其之前提出的想转型的念头，便又多询问了几句，得知其实他还有一个手游公司的机会，只是此公司国内无名（在美国还是很有名的），且据该公司的人事反馈，部门对其水平有批评的意见（做设计工作的人，求职都得交作品），此君恰巧已经有前述 Offer 在手，就没有再和该公司接触下去。作者忍不住说道："对于转型机会来说，你的技术有差距很正常，被指出也很正常，可你的技术如果真的弱到对方无法接受或者说对方根本无意于你，干嘛派人事给你说这些呢？" I 君若有所悟，回复作者的意思是估计那家公司的薪资也给不到他的期望值。鉴于是熟人，作者直言不讳地回答他：“下次有类似的机会，好歹你也谈了、问了薪资再议。转型机会不易得啊。”I君连连点头。如今他已去新公司上班了。做老本行，自然干得不错。

你觉得I君在未来还会冒出想转型的念头吗？

准则 8：懂得取舍，有舍才有得

说实话，I君到手的 Offer 并不差，只不过和他的诉求来比，作者觉得没有坚持找手游公司的机会，没有和那家手游公司继续谈下去有些可惜。正所谓转型不易，对于新人而言，重新起步的平台重要的不是大小、名气，而是有可以学的东西。是吃老本还是学新本事，对于 30~40 岁之间的人来说是必须思考的问题，毕竟能长久混日子的地方并不多。

很多人其实知道自己想要什么。可为什么还是做了不（那么）明智的选择呢？因为他不是什么都想要，什么都想得，就是自己声称想要的和自己潜意识里在乎的并不一致。如果只能取其一，往往不管怎么选，都会觉得自己选错了。

我们经常说要 follow your heart（跟随己心），但很多时候，我们连自己的心都没弄明白，自然就无从谈起懂得取舍了。但这也不能怪我们自己，谁让人的本性就是希望越来越好、越多越好。跳槽的薪资固然重要但并非最重要，尤其在谋求转型的时候。转型固然比不上创业，但是也和吃老本的跳槽不同，是需要先付出点代价，然后再指望能得到点收获的。

好比投资，都知道低买高卖是本质，但什么是低，什么是高？几人清楚？所以，我们需要做的就是把问题简单化，傻瓜化，不要老想着追求十全十美，能追求到十全九美就很不错了。

跳槽就是要跳进符合你最看重的那个条件的槽。如果是钱，那么钱就第一位。如果是转型，那么转型就是第一位。（关于转型方面的问题，读者可以参见上部第七章的相关内容。）

虽然不是大家公认的高大上的公司（品牌好、薪资福利好、稳定性好），但它能提供给你高大上公司不乐意给你的机会去转型，你是干还是不干呢？这就取决于你图什么了。摆在面前的选择总是鱼和熊掌不可兼得。

避开世俗标准，琢磨明白自己所要的究竟是什么。做到先舍，而有舍就必有得。如I君得了薪资，得了品牌，但失去的就是转型的契机。

虽然未来谁都说不准迎接自己的是高潮还是低谷，但是既然未来不可控，就更需要把握住当下。把握住每一个小机会！

09

转型之说好的转型——临时起意的转型之后

案例：

J:

男，英国海归硕士，回国后就进入外资的调研企业做，中间跳过 3 家企业。在最近一家企业做到了经理级别。

作者因为业务的关系，认识 J 君已经好多年了。更确切地说，因为作者一进科锐国际就认识他了，所以印象也就特别深刻。作者知道其近年一直想从乙方跳槽到甲方，且对于具体的工作职能完全持开放的态度，几乎没有给出什么条条框框的限制。

2014 年，J 君积极看机会，刚巧作者也得知有一豪车品牌在招聘经销商市场的岗位。用人部门的要求是只需要做过市场类工作，英语好，人聪明就行。作者顿觉 J 君符合条件，向他一提，他果然有兴趣。之后层层面试、测试一路顺利，J 君评估下来机会是不错的，自己是可以胜任的，Offer 条件是可以接受的，自然就顺理成章地加入了。

本来作者以为是个皆大欢喜的结局：部门在大半年的筛选后终于找到称心之人，J 君终于如愿进入甲方，而且是一家金光闪闪的大品牌公司，做得还是理应更有挑战、更多与人沟通的市场工作，不折不扣的一个转型。却没想到，J 君进入之后，颇多不适应。不管是公司文化、老板风格还是业务方面，J 君自己说是“都是硬着头皮上”。

在此期间，J君可没有少向作者诉苦，比如：领导的当众批评、无人可寻求指导、经销商的各种不靠谱的行为、出差的昏天黑地……

好在半年过去了，J君凭借自己不服输的精神、聪明才智等品质终于是存活了下来，开始有成绩，老板的认可度也提升了。

对于未来，J君并未拿定主意，不过通过这些日子的经历，J君至少明白了一点：比起与人周旋，其更乐于与人头脑风暴。

J君此次跳槽算成功吗？

准则9：收获对自我的认知比什么都重要

不管跳槽是否属于转型，作者认为所谓的跳槽成功和跳槽失败都是建立在比较之上的，参照的标准不同，结论也就不同。对于实施了某次跳槽行为的人而言，这样的结论除了增添些当事人的喜气或愁绪外，实际意义并不大。

作者建议大家跳开“以成败论英雄”的思维定式去分析跳槽行为。更确切地说，不要只看直接的、表面的结果，而是要把注意力转移到自己的收获上，即间接的、潜在的结果。(关于自我认知方面的问题，读者可以参见上部第三章的相关内容。)

或许我们就会发现一个看似“彻头彻尾失败”的跳槽其实含有之前意想不到的颇有价值的收获，而一个看似“让人艳羡不已”的跳槽其实并未达到自己预期想要的收获。

像J君这样的情况并不是少数。若论成败，估计此次跳槽在很多人看来并不成功，因为其很可能会转回做自己真正擅长的事，即老本行或具有老本行特质的工作。但若论收获，此次跳槽并不失败，其让J君认识到自己更喜欢做什么、更适合做什么、更擅长做什么。收获对自我的认知真的比什么都重要，因为对于职场人而言，这恰恰是最难的。

准则10：弯路也可能成为捷径

像J君这样的聪明人可能比愚拙的人更容易走弯路。因为前者容易获得更多的机会、把握更多的机会，也因此面临更多的选择。可惜，人往往在埋头研究选择的时候，反而就容易忽略研究自己了。在知道自己究竟适合做什么、不适合做什么上，往往愚拙的人反而更容易有智慧。举个类比的例子，一个学会画画、弹琴以及下棋的孩子，会觉得自己什么都能学会，什么都想学，容易学什么都不精。而另一个尝试学习弹琴、下棋等技艺的孩子发现自己学得并不上手，却发现自己画画还行，把精力都用在画画上，虽未必谈得上有什么天赋，倒或许还能有所小成。

当初，若非是甲方大品牌的巨大诱惑力的关系，J 君或许并不会选择这样的转型。若不是 J 君聪明优秀，或许也不会被“相中”，也不会有后续的“吃苦”经历。有时候我们都像孩子一样，只想穿上漂亮的鞋子让别人赞美，却忽略了鞋子是否合脚。

走弯路未必不是好事。因为有些弯路只有自己走过才知道是弯路。有些认知只能靠亲身经历去感悟。比如一个天生失明的人，仅凭语言向其形容颜色是非常困难的；但若是在有记忆力后才遭遇失明的人，只要是其看见过的颜色，在别人说到这个颜色时候，其都能明白。工作也是如此，自己亲自实践过的和听别人解释的或自己想象的，终究存在差别，甚至是很大的差别。敢于去尝试，固然会面对风险和挫折，甚至自讨苦吃地走了弯路，但往往也会给自己带来更大的启迪。所以聪明人和愚拙人的区别不在于会不会走弯路，而是走了弯路之后，聪明人会反思、会总结。因而，弯路也可能成为捷径，避免其将来走更多的弯路。

不可否认，J 君做出的这次转型有些草率，不够慎重。但扪心自问，很多时候我们慎之又慎，也未必就选对了。其实选择本没有对错，我们需要做的仅仅是保持一颗勇往直前的心，让自己始终在路上；偶尔因旁侧的风景而走远或停顿，都没什么大不了。没准走着走着，就认识了自己；没准走着走着，就走上了捷径。

10

转型之说好的转型——深思熟虑的转型之后

案例：

K：

女，本科，毕业三年里在韩资企业做采购，由于男朋友在苏州发展，也去了苏州。并由于朋友关系，和猎头公司的人事接触到了。该女为人热情，开朗，比一般工作3年的人显得成熟。

其和猎头公司的人事接触了长达1年之久，双方反复确认意向、岗位职责、风险挑战后，K君如愿转型加盟。在之后的一年间，K君时常加班，每日汇报邮件及时、内容详尽，没有在领导面前抱怨过职位难做。可以说除了工作业绩差强人意外，其付出的努力和工作的态度还是得到领导的认可的。

可是在苦熬了1年后，K君选择了辞职。她给出的辞职理由是家里一直反对其做猎头这般压力大的工作；自己既要筹备结婚的事，又要应付在职研究生的课程，感觉实在疲于奔命；业绩不理想也说明自己不适合干这行等。不可否认，K君说得很实在。可是原因真的就只有这些吗?

我们都会认为：一个对转型经过深思熟虑、又有过工作经验的人应该对自己适合做什么、不适合做什么有较为充足的把握。我们也都会认为：像K君这样具备不错的沟通表达能力、理解能力、责任心等优秀品质的人没理由会不胜任一份以沟通为主的工作。

那么 K 君的问题出在哪?

准则 11：请放低对自己未来表现的预期

作者认为 K 君的所谓转型失败的原因更多地在于心态，而非能力。若不是处于当时多重任务的个人境况，也不是处于高手如云的团队之中，或许情况会大不一样。

比起业绩的有形压力，无形的自我压力才是压垮 K 君的最后一根稻草。其实对 K 君真正失望的是 K 君自己：她无法接受和自己当初预期表现相差甚远的现实表现。如果 K 君始终对自己抱有信心，那么她在业务上的某些能力短板肯定是可以弥补的。有句话说一切都交给时间吧（当然，不计时间的前提是遇到一个有耐心的好老板）。

我们都知道“柳暗花明”的道理。但很多时候我们觉得自己已经努力过很多次了，已经咬紧牙关很多回了，可迎接我们的却是一次次无情的打击；很多时候，自信心被摧残得体无完肤了，感觉自己再也坚持不下去了；再有任何的风吹草动，就会让我们举手投降。在转型路上是很容易遭遇到这样的情形的。

转型本非易事，我们应该学会预设合理期望（关于转型方面的问题，读者可以参见上部第七章的相关内容）。换句话说，放低对自己的表现预期。或许你曾经是自己所在领域的专家能手，但是到了新领域，你就是小白一个。不管你在新领域上手的速度比预期的快，还是比预期的慢，都属于正常现象。在转型时，不要和过去的自己比，也不要和别的熟手比，只要和昨天的自己比：看自己有没有进步，有没有掌握到新的知识和技能。

在起步阶段，比起结果，更重要的是过程。不要因为结果而丧失自信。相反，必须始终保持自信！如果我们能始终记得：绝大部分的工作所需的智力、能力水平都是接近的，那么我们就会保有对自己的信心（当然，这并不是说我们都可以胜任绝大部分的工作。而只是说，我们具备胜任的基础条件）。

如果 K 君没有那么好强，她的预设期望就不会那么高；又或者她能够根据实际情况调整自己的期望，那么再多坚持一些时日，没准情况就大不相同了。

准则12：兴趣能使人克服工作中的“阴暗面”

K君之所以会转型尝试失败，除了因为她对结果的不满意而导致的自我怀疑与日俱增外，作者认为兴趣度也是很重要的一个因素。猎头工作中的访寻人才环节是K君最头痛的部分。因为访寻人才技能的缺陷，K君对猎头工作的兴趣度逐步降低。（很多人认为猎头工作很美妙，却不知道访寻环节，尤其是陌生电话访寻环节的艰苦。）。

当我们选择转型时，往往是基于自己的判断：我对转型的工作抱有比现在的工作更大的兴趣。

做判断时，转型的那份工作往往被看做如水中月、镜中花一样的美好，或者说如同每个人青春年少时设定的恋爱理想型一样的完美。虽然我们一再被提醒说要客观评估，不要陷入美化的想象，但实际上，这点总是很难做到，尤其是对于自己不了解的领域，主观客观上都很难摆脱它的神秘面纱。

一个人到底是因为喜欢而擅长一个工作，还是因为擅长而喜欢一个工作，作者无法做断言。但可以肯定的是若没有喜欢、没有强烈的兴趣度，很难使人坦然面对、积极接受工作中的“阴暗面”。所谓阴暗面就是工作中自己不喜欢、不擅长的部分。工作或多或少都存在“阴暗面”，即使做了企业老板，也会有“身不由己”的时候，也会有自己不想做但不得不做的事，比如应酬一个难缠却又重要的大客户。

本来以为自己对这个转型的工作是兴趣盎然的，却可能因为发现了“阴暗面”而无比气馁。只有发现后仍然能够接受“阴暗面”的人，才能继续下去这个工作，才有可能把这份工作做得很出色。

K君的深思熟虑并没有错，当初的真心也并不假。只能说现实总喜欢和人开玩笑，以至于有时候我们不知道是自己先前的判断错了，还是自己目前的想法变了，或者皆有。好比恋爱，爱上的那个人还是那个人，只是我们不知是对其的感觉变了呢，还是一开始我们就恋上了一个假想中的人。一旦发现，梦醒时也就是梦碎时。

11

企业福利之真真假假——跳与不跳

案例：

L 君，男，10 余年市场咨询公司 (agency) 的经验，已经做到群总监 (group account director)。经猎头推荐进入了一家外资集团在中国市场新成立的公司。该公司主营高端产品线，L 君负责数字营销 (digital Marketing) 方面的工作。L 君加入后还是会和作者半开玩笑地说薪资不高。但作者知道 L 君愿意加入的综合原因中自然少不了这家企业的高福利。其中包括对于经理级别以上的员工而言，但凡有公司所在地的房产证 (无论何年购买的房子) 就可以享受连续五年，每年五万的房贴。在业内，提供这样的福利是绝无仅有的。(在此说明下，作者认为行业不同，福利水平也会有差异。跨行业比较没有实质意义。)

说起类似的情况，作者还记得有一位 M 君，女。她一直在汽车零部件公司做产品调研，后来得到了一个车厂的 Offer，各方面都令她满意。可谁知她有位英明的领导，嗅到她想离开之意，在她提出离职前就找她谈话，告知她公司准备赞助她读 MBA，而且暗示她学成后，内部定会提供发展机会。M 君琢磨后，决定不走了。

这两人的选择都是基于福利因素的考虑，那么他们是否都选对了？

准则13：工作稳不稳，福利看一看

很多时候，我们选择留在一家公司是因为稳定的状态给人安全感，特别是因为对优厚福利的依恋。而当一家公司让我们丧失了这种感觉时，我们往往会选择离开；当然，我们也会因为对自身发展的渴望以及受到高薪的诱惑而选择离开。但相信大多数人更容易因为丧失安全感而选择离开。毕竟一则人的本性是贪图安逸的，二则一旦未来变得不确定，人就极易心生恐惧。

求职跳槽时，我们容易只看薪资、职务，只想未来发展，而忽略了对福利的关注。企业福利的范围其实是很广的。（关于企业福利方面的问题，读者可以参见上部第十二章的相关内容。）相信绝大多数人都希望自己工作稳定，并且可以在一家企业中长期发展而不用频繁变动。对于许多人来说，只要一个公司有高福利，这个公司就是好公司。

在选择跳和不跳时，把福利因素考虑进去是非常明智的。不过福利也有"真假"，我们需要"火眼金睛"地加以辨别。虽然案例中的两人所获得的福利都是依据公司政策，有文件依据的，但仔细思量一下的话，我们还是会发现其中有本质区别。L君有符合条件的房产证，其获得被告知的相应福利是"板上钉钉"的事；但M君要获得读MBA的赞助则是待定的，甚至是有风险的。因为首先需要其先考上；其次即使其已经考上，公司肯定会评估其所读MBA的性价比，不能排除公司要求其直接签署延长服务期限的协议，一旦M君提前离开，就会产生巨额赔偿。说到底，文凭再好也敌不过一个好机会，如果职场的自由因为金钱被束缚住了，错过机会岂不可惜？本来很多人拿文凭就是为了寻找更好的机会，让自己在职场上更具有竞争力。本末倒置就大错特错了。

其实，公司福利是反映公司营运状况的"晴雨表"，从自己所在公司的福利状况的增减就可以知道公司目前的状况是在上坡还是在下坡了。而我们求职跳槽时都想去大公司，其中很重要的一点也是因为，一般大公司的福利普遍更好。在作者看来，这主要是因为大公司的管理理念更先进，很早意识到办公司要以人为本，员工是企业的最大财富。从这个角度说，评判公司除了看规模、名气，更要看管理理念。

而福利是我们求职者最易考察到的一个维度，同时也是我们最该关心的一个维度。

总而言之，人在职场走，福利信息挂心头。

12

企业文化之适者生存——国企好混，民企难呆？

案例：

N：

男，本科毕业，上海人，目前30出头，已婚奶爸。毕业后进入国企，算较早进入汽车领域的二手车业务的一拨人，从业经验十年有余。在国企一直做得不错，不断被提拔。直到2014年年初他才跳槽到一家大型民营汽车经销商集团负责二手车业务。

N君不是不知道国内大多数民企有着环境复杂、管理混乱等问题，在进入之前也做了充足的思想准备和询问打听；但进入之后还是发现挑战超乎想象。其中，尤以与直线经理的磨合最让他头疼。一个不懂业务、喜欢对下指手画脚、对上好大喜功，平日里对人没有好脾气、好脸色，还会人身攻击的领导的确不易应付。

2014年的上半年里，N君不是没有萌生过离开之意，不是没有发过丁点牢骚抱怨，但由于其个性坚韧、天性乐观以及拥有高度的责任感（对手上项目负责到底的责任感），他一直坚持着。下半年终于出现了转机：集团要与其他公司合作，开展一个关于二手车业务的创新大项目，而他幸运地被指派作为负责人。因为觉得有新东西可学，他也就决心继续坚持看看了。当然，必不可少的是继续和直线领导“斗智斗勇”。

你认为企业文化是怎么形成的？企业文化之间的区别又到底是什么因素造成的呢？

准则 14：企业文化本质上是由领导缔造的

企业是人创立的，企业文化也自然是人创造的。很多人说自己不适合某个企业的文化，实际上是不适合所在或所接触到的团队文化，更确切地说是不适合这个、这些团队里面的人所营造出来的做人做事的氛围，而这个氛围在很大程度上取决于领导产生的影响。

不管什么资的企业，什么性质的企业，也不管多少人规模的企业，本质上企业文化是由领导缔造的。领导的价值观决定了企业的价值观，领导的愿景决定了企业的愿景。

所谓的适者生存其实就是适合领导者生存。这里所指的领导并不是企业的最高层决策人（除非你直接向其汇报），而是你的直线经理。毕竟和你朝夕相处的是你所在团队的领导和同事。只要一个企业不是仅有一个团队构成，企业文化就会分为整个公司层面的和单个团队层面的文化，而对于在里面工作的人来说，实际上是后者的影响更大。（关于企业文化方面的问题，读者可以参见上部第五章的相关内容。）

N 君曾经呆过多年的国企。国企和民企在管理制度、流程体系、政治环境上可以说是“半斤八两”，相差并不大。之所以 N 君觉得工作开展难得多，自身压力大得多，主要还是由于那位领导。而这样的领导在什么样的企业里都会存在。很多人觉得国企靠关系、外企靠能力、民企靠年资，其实并不全面，打工的都是既要靠能力又要靠关系（要么是“皇亲国戚”后台硬，要么是领导亲信关系铁）；都是逃不过“论资排辈”、避不开“拉帮结派”。因而和领导气场合不合，关系好不好就决定了你在一家公司里的日子能否过得舒心。

领导并非是我们做下属的可以挑挑拣拣的。作为下属，我们的路只有两条：要么适应领导，要么自己走人。作者并不想提出改变领导的设想，古话说的好“江山易改，本性难移”，我们连改变自己都很难做到，更何况要去改变别人呢？

我们需要认识到一点：即使在一家拥有非常棒的企业文化的伟大企业，也不是每个人都能活得舒心自在的。因为企业文化是由人经营的，而人的经营水平总是有差别的。我们跳槽求职时，能做的只有选择前多多打听直线经理的情况；选择后，以“既来之，则安之”的心态积极应对。

至于N君之所以能够在这样的领导下过活，除了他业务上的确有能力，领导需要依赖他；还在于他脾气好、肯忍让、会说话。国企这些年到底是没有白呆。

其实任何企业，无论规模大小、名气有无、领导强弱如何，只要你肯学，不管是做人、还是做事，总会有收获。当然，如果觉得学无可学、忍无可忍，那么就用脚投票吧。不过，如果是像N君一样有家庭经济负担的人，那最好还是伺机而动，不要轻易辞职，盲目跳走。

13

简历之虚虚实实——谁看简历？

案例：

有一家美国企业想要招募一个制造部的项目经理，职责是与研发部对接。部门希望所招募的人才具有研发和制造的双重背景，同时还做过项目管理，英语流利，且工作经验有 15 年以上。但行业内能够具备前两点的人才已经是屈指可数，且往往早已身居要职，不会对一个项目经理的角色感兴趣。在职位招聘了近一年都没有合适的人才后，部门愿意放宽条件到同意考虑只具备项目管理 + 研发或项目管理 + 制造的人才。

可作者根据要求送了一批候选人后，部门连一份简历都没有挑中。经探讨，人事和作者一致认为部门的内心实际需求还是期待入选具有研发和制造的双重背景，只不过对背景强弱的期望降低了，也就是说具备经验是底限期望。

于是作者请原本打算推荐出去的一批候选人再次修改简历，要求他们添加关于研发领域和制造领域经验分别的总结性说明。作者是考虑到：这些候选人虽然都具备了研发和制造领域的经验，但不是研发很强制造很弱、就是制造很强研发很弱的情况。如果没有添加任何说明，恐怕部门浏览简历只会下一个结论：这人只有制造或研发的经验，我对他没兴趣。

候选人们觉得很有道理，于是都认真修改了简历，竭尽所能地写这份说明。结果这批简历的候选人都获得了面试机会，其中一人拿到了 Offer。

部门会直接毙简历，说到底还是因为过于弱的经历在简历中的存在感很差，通常只有零星的一两句话散布在简历中。部门若不一字一句地读，结果只可能是视而不见。即使因字体加粗的关系而看见了，恐怕能产生的效果也仅仅是聊胜于无。

简历的重要性就在于一份写到点子上的好简历能够让你拿到面试机会，而面试机会是走向成功的第一步。好比打擂台，擂台都还没登上就已经退场了，岂不是太可惜了?

会否你曾经被拒绝的经历也是因为简历的缘故?

准则 15：好简历必须为读者“容”

保守地说，作者粗略读过的简历超过两万份，而比较仔细读过的简历也以千份计。读过成千上万的简历后，作者只有一个感想：好简历真少。想必做招聘的人事和招人的部门也会有此感慨。

这不能怪大家，毕竟大学里没有开过一门课叫“如何写简历”。我们不是从网络上找简历模版，就是从猎头那获得简历模版来填写。似乎很少有人有时间去用心研究怎么写简历。当然，但凡写过简历，受过指导的人通常在简历形式、格式上都不会有什么问题，只是简历的核心是简历内容，而写好内容就不那么容易了。

好文章是改出来的，好简历也是一样。问题是怎么改，改什么?(关于如何写简历的问题，读者可以参见上部第八章的内容。)这里就提一个原则：为读者“容”。也就是说，评判好简历的标准是能否取悦读者：即让读者读得懂，让读者读到其想要看的内容。如上述例子，部门想要了解的其实就是候选人在研发和制造领域里有什么样的经验，据此判断是否值得约来一面。

很多人的简历陈述的是客观的经历，但并没有将经历里得到的经验陈述出来。两个人的同期经历可以完全一致，但两个人的经验绝对各有千秋。可很多人却忽略了这点。这也就是为什么作者想到请那批候选人修改简历的原因。

职位的需求往往等于部门的要求，也就等于部门希望在简历上读到的内容。跳槽求职者在写简历时不妨细心读读职位说明书（Job Description），认真询问询问职位要求，再仔细思量思量问题“人事（HR）读简历关心什么？部门读简历关心什么？”，然后你就会知道该如何“容”——如何达到经历上扬长避短、经验上突出重点、描述上用词正面、形式上赏心悦目。

14 面试之仪容仪表仪态——最好的名片

案例:

那些年因为让面试官感觉不适而被拒的求职者们选录:

小指的指甲留得很长，泛黄

牙齿缝中一点绿，时不时还冲你笑

吐沫飞溅型中的战斗机，喷的面试官满脸都是

跷着二郎腿，不停地抖动、抖动

全身上下散发着乡土气息

始终低着头，声音蚊子叫

始终盯着你看，看到你心发毛

西装旧旧脏脏的、不合身，袜子还是白的

浓妆艳抹、衣着暴露

一头黄毛，突然亮相眼前

……

你是否有联想到当年求职的自己或看见的竞争对手，其中是否有让你特别印象深刻的人?

准则16：形象气质远比你想象的重要

以上所举的例子固然是比较极端，但却是真实存在的。这说明还是有不少人对自己的形象气质不够重视。对于面试官来说，面前的求

职者是个陌生人，其对求职者的评估只可能由外而内。如果求职者所犯的都是低级错误，如何让面试官心生好感呢?

正所谓爱美之心，人皆有之。任何时代都是看脸的时代。天生丽质的人在求职中总难免占据优势。一些职能如公关，更是对长相有较高要求，长相欠妥者基本就无缘胜出了。但对绝大多数职位而言，长相并没有那么重要，关键是整体的形象气质让人觉得舒服。

形象气质包括长相、身材、穿衣打扮以及言谈举止。长相可以靠化妆、也可以靠整形；身材可以靠锻炼、也可以靠整形；穿衣打扮可以看时尚杂志、视频学习，也可以向身边的时尚达人求教如何搭配。总之，对于绝大多数人而言，下足工夫的话，在这些方面提升自己并不困难；难的是如何让自己的言谈举止有涵养有素养，高雅起来。比如，让自己说话不唾沫飞溅就比让自己理个适合的发型要难。外在的形象是可以速成的，但内在的气质只能慢慢修炼。（关于仪容仪表仪态的相关问题，读者可以参见上部第九章的相关内容。）

虽然好的形象气质并不能让你一定拿到 Offer，但坏的形象气质却能让你一定拿不到 Offer。再仔细想想，位居高位的职场精英们，撇开先天长相，基本上哪个不是男的风度翩翩，女的优雅高贵?

从现在起，注意修炼并提高自己的形象气质吧！相信改变之后带来的效果将不单作用于职场，更将作用于生活的方方面面。

15

辞职之想要说拜拜——盛情之下

案例：

O:

女，本科，毕业后进入一家合资公司，先做人事，后转市场，再做到销售，随后跳槽到一家外资公司做销售。2012 年的时候，她大约 30 岁，经猎头推荐应聘一家品牌知名度更高的公司，并顺利拿到了这家自己更心仪的公司的销售 Offer。O 君在提出辞职之后，部门、人事找她谈话，意思是他们想让她转回做市场工作。O 君在选品牌还是选职能的抉择中，最终选择了职能。并在挽留她的公司里一直服务到现在。

实际情况是部门早就洞察了 O 君内心的需求（转市场）。至于究竟是部门提供了这个足以让她愿意留下的条件呢，还是 O 君在辞职谈话时主动地提出了她愿意留下的条件呢？我们不得而知，但可以确定的是：(1) 公司真心想留下 O 君；(2)O 君知道自己要什么。

若 O 君当初选择跳走的话，目前最大的可能是仍然在做销售，虽然我们无法断言当初若选择销售，她将来就不可能做市场了，但转回市场的道路无疑会更曲折些。

O 君的两个选择，无论选哪个都不存在绝对意义上的选择错误，那么 O 君做出的选择能带给我们什么启示呢？

准则 17：主动争取可得利益，而非被动等待利益上门

跳去新公司和留在现公司是一场博弈，只能是一输一赢。双方公司都清楚谁能提供满足人才期望的条件，谁就能赢得人才。可以说这很公平。但是，作者发现很多人才却往往不知道：这时恰恰是应该最大程度地为自己争取利益的时机。

从小受到的传统教育让我们总是喜欢讲理不讲利，重感情不重原则。但是职场行为是商业行为之一，如果我们连为自己争取应得的利益都不会，那么还能指望谁呢？通常一个更清楚自己想要什么的人，也往往更善于争取个人利益。

真正优秀的人才懂得要主动争取，不要被动等待的道理。作者觉得 O 君就是这样的人。很多人在谈外部机会的 Offer 时知道要尽我所能，让猎头也要尽其所能。但等到辞职谈话时，却只知道陈述“我要走了，我为什么要走”，对于现公司递出的“我们想留你”的信号并不敏感，或者对于这一信号反馈出“非走不可”的信号，过早让对方打退堂鼓。

其实，辞职谈话是谈判，即使打定主意离开现公司或者判断现公司没有任何能吸引你留下的筹码，你也可以好好地与对方谈一谈，探一探对方的想法，摸一摸对方的底牌。只要你的态度是友善的、诚恳的，相信无论最终结果如何，你们都可以做到“好聚好散”。（关于辞职的相关问题，读者可以参见上部第十三章的内容。）

如果求职者过于感情用事，因“抹不开脸面”和现公司说“分手”而勉勉强强地留下，或因显摆“老子有地方去”而非得和现公司说“分手”，那么迟早会后悔的。从可能性的角度说，一定存在一种可能性是：现公司开出的条件比外部机会优厚。而且即使现公司存在种种毛病，但毕竟是你熟悉的环境，而想去的新公司也不可能是完美无缺的。

辞职时要知道自己图什么，哪家给得了，选哪家；哪家给得多，选哪家。

16 辞职之想要说拜拜——威胁之后

案例：

P：

男，本科，已婚已育。南昌人，毕业后进入了当地一家大型国企做技术工作。觉得当地发展机会少，想来上海工作，并有举家迁来沪的打算。经猎头推荐，成功拿到一家美资企业的 Offer。

P 君知道在他们公司，和领导谈辞职并不容易，经猎头努力，获得了录用方长达 2 个月的辞职期。在这期间，P 君多次和领导沟通，上班谈话，下班吃饭，但最终还是选择不走了。

问题出在 P 君的太太身上：她当年是托了关系才进了 P 君所在的企业。现在，被托关系的这位领导不愿意放 P 君走，并威胁 P 君说：他如果要走，那他太太也别干了。虽然猎头答应给 P 君的太太找机会，但“远水救不了近火”，领导的威胁奏效了。

那家美资公司的人事经理虽然对于猎头陈述的事实经过将信将疑，但也只能无可奈何地接受这一说法。毕竟对于遵纪守法的企业来说，没有协议（竞业协议、培训协议、保密协议）在身的员工无法辞职是天方夜谭（即使有协议在身，依据协议约定履行了相应义务，还是可以正常离开的）。

那么，P 君真的只有“华山一条路”吗？对他来说，这个选择是最佳的吗？

准则 18：学会向前展望，向后倒推的策略思维

这个“有中国特色”的真人真事让作者既印象深刻，又哭笑不得。估计大家都会觉得这样的事无论轮到谁头上，恐怕都只能无可奈何。毕竟根据 P 君的处境来看，他没有必要“破釜沉舟”。毕竟如果一家人一个刚跳槽，一个就失业，这样的风险对绝大多数人而言都太高了。P 君“举手投降”情有可原。

P 君知道领导执意要留他是因为：公司里像他这样有技术的老人少、新人多，再不“人才保留”，日常工作的开展都会出现问题。受限于企业状况，领导拿不出“胡萝卜”，就只能拿出“大棒”招待了。P 君也知道他的留下意味着：给了领导面子、还了领导人情、替领导树立了威信，同时 P 君应该是分析且愿意相信基于此，领导应该会“放他一马”，留下后不会给他“穿小鞋”。

那么是否遇到类似 P 君的情况，我们都只能被胁迫呢？答案自然是否定的。在两方相继出招的博弈中，分析问题要向前展望，需要分析：

你现在有哪几步可以走？利益最大化的是哪一步？

对方现在有哪几步可以走？哪一步最可能帮你实现利益最大化？

对方会认为你最可能走哪一步？

你认为对方最可能走哪一步？

还要向后倒推：分析为达到自己最理想的结果，倒数第二步自己该怎么做，然后是倒数第三步，以此类推。博弈的双方往往会有优势策略和（或）劣势策略，要做的就是选择自己的优势策略或剔除自己的劣势策略。当然，也可能会存在一个均衡策略，对双方来说是共同的最好结果。

如果 P 君运用这一方法做分析，他应该不难发现他的优势策略应该是先让他的太太换工作，那么不管他是留是走，被威胁的隐患已经被剔除掉了。一旦他拿到好机会，他可以毫无负担地选择离开。如果 P 君是在提出辞职被领导威胁的那刻起才运用这个方法进行分析的话，结果也未必会如实际发生的那样。因为这个决定应该取决于 P 君的发展潜力更大还是太太的发展潜力更大，即两人中谁的内部发展可能性

更大、谁寻找外部机会的成功率更高、谁更能够对家庭收入作出贡献。如果结论是 P 君胜出，那么他就应该放手一搏，因为最糟糕的情况无非是他太太短期失业。

实际上这也不是必然的。除非该领导赌气行事，否则 P 君走后，再赶他太太走，对企业来说，损失不是更大吗？做出这种典型的损人不利己的行为是何苦呢？其实，撇开需要判断这位领导的行事风格外，P 君真正需要的只是分析手头拿到的机会值不值。只要机会是值得的，无论他和领导的较量结果如何，他都应该选择离开。当然这么做的前提是：他是一个不怕和领导撕破脸，也不怕人言可畏的人。

其实有经验的人事都知道：即使实际情况再复杂，只要一个人有心要辞职，其就一定能成功。（关于辞职的相关问题，读者可以参见上部第十三章的内容。）

P君后来表达过放弃当年机会的遗憾，并且曾在2015年联系作者，想询问有没有什么跳槽机会。作者想他应该后来也意识到了像她太太这样做行政工作的人，不至于找不到一份工作。想必当年 P 君是被领导吓住了。

最后建议各位求职者：无论求职跳槽还是做什么选择，下决定前务必做全盘考虑，适时运用向前展望、向后倒退的方法进行分析，千万不要感情用事，自乱阵脚。

17

新公司之预期不符——外国人好相处?

案例:

有一家外资公司的亚太办公室成立不久，里面做头头脑脑的基本上是各国老外。其中有一个法国人让负责招聘的人事很无奈：前后为其招聘了三任下属，结果他们接连辞职，最短的一个做了三个月都不到，最长的一个也就差不多一年。第四任是从内部转岗的，资历背景比前三任都要弱，结果不到一年也离职了。

第一、二任均选择拿到 Offer 跳槽去了新公司，第三任选择裸辞休息，第四任听说是去出国念书。下属频繁辞职，做领导的难辞其咎；团队内部的人也都巴望着这位领导早日调回总部。跳槽的风险就是指和当初的预期不符。面试时谈笑风生的面试官在你入职后可能就会变成人见人怕的“大魔王”。遇到这样的情形，到底该怎么办?

准则 19：忍耐在特定情况下才是美德

都说美国人开放、德国人严谨、日本人刻板、法国人浪漫、意大利人热情。或许每个人身上或多或少都会有各自的民族、文化的烙印所产生的共性，但是每个人终究是不同的。好领导和坏领导的差别和国籍没有关系。当然评判好领导和坏领导的标准也不是看其风格，而是看其能不能服众、会不会管理、有没有业绩。对于下属，区分领导好坏的最直接依据就是：这个领导会不会给我支持、能不能让我学习、值不值得我信赖。（关于人际关系的相关问题，读者可以参见上部第十四、十五章的内容。）

那位法国领导有不少让人不爽的毛病，但最重的“一宗罪”是他不尊重人，尤其让人感觉不尊重中国人。领导和下属在行政（政治）层级上是有高低的，但是在人格上是平等的。因而他的几任下属虽然各自经历不同、性格不同，都纷纷和他拜拜了，正所谓“士可杀不可辱”。做得最久的那位真是个忍耐力超强的人。即便如此，他在满一年时也撤离了。

作者觉得只要一个领导会给你必要的支持、让你感觉能学到东西、值得你信赖和依靠，那么你就应该学会适应和忍耐。因为不可能你遇到的每个领导的风格都类似并且都和你的风格接近。你需要去发现不同风格下的美：严谨有严谨的美，让你学会细心；洒脱有洒脱的美，让你临阵不慌；直截了当有直截了当的美，让你不用去揣测琢磨；委婉含蓄有委婉含蓄的美，让你学会分析联想……带着善意的眼光去看领导（看他人），你就会发现数算别人让你抓狂之处不如据此修炼提升自己的品格能力。

总之，忍耐是一种美德，但只存在于特定情况下。若忍无可忍，则无须再忍。毕竟伯乐虽不常有，但还是有的；好机会虽不多，但还是存在的。如果进入新公司后发现领导的确无良，属于要人品没人品、要能力没能力的那类，那么当断则断，及早抽身。虽然频繁跳槽会被扣病，但若实属不得不为之，必能获得谅解。那位法国领导的第四任之所以是内部的人，就是因为其在业内的口碑太差，导致外部无人愿意做“勇夫”。如今是信息社会，互联网 + 的时代，每个行业的圈子都不大，在很多事情上，孰是孰非自有公论，并非“官大一级就能压死人”。

不要再抱有“外国的月亮比中国的圆”这样的偏见了，外籍领导的水平也是参差不齐的。有句俗话叫“跟对领导很重要”！如果进入新公司后发现跟对了，那么就大干一场；跟错了，那么就弃暗投明。作者不由想到在科锐国际每年的年会上都有不少人获得五年、八年、十年以上的员工服务奖。这在人力资源咨询行业里还真不多见。能留住人才的企业才是好企业啊。

18

新公司之预期不符——竟然什么都能变！

案例：

Q:

男，海归本科。从代理商一路走到企业方。帅气的小伙（如今是已婚奶爸），沟通表达能力佳，外语佳，一直做市场工作，属于面试讨人喜欢型的人。可就是这样一位帅哥，在前两年跳槽到一家业内知名公司时，竟然做了三天就辞职了！没错，就三天！

怎么会呢？原来，Q 君进入公司后，部门总监向他正式陈述了工作职责。Q 君发现，这些职责不仅和原本拿到的 JD（职位描述）不符，而且和历次面试中得到的信息都不符。他仔细回想了猎头、人事经理和直线经理先后向他描述的工作职责，发觉没有一条和总监说的符合，甚至可以说是南辕北辙的工作。Q 君对这样的“戏耍”无法接受，外加三天的观察让他感觉整个团队缺乏工作的激情，各人对自己的职责范围都不够明了，他觉得只能选择离开。人事部门对他的行为表示理解并予以道歉。当负责招聘的人事遇到说变就变、做事没有章法的部门时，也只能仰天长叹了。

经此打击后，Q 君跳槽越发谨慎。三年后，其已经做到了一家跑车公司的市场总监一职。可见祸兮福之所倚，关键看当事人怎么总结经验，吸取教训。

R：

男，硕士，已婚。一直在主流外资车厂工作，先后做过销售、网络和市场。2014年，他抱着运用自己的经验大干一番的心情，从北京跳槽到了上海的一家新兴公司。却未曾想到接连遭遇该企业的高层人事变动和所在团队的组织结构变动。眼看着自己的职责范围不断变小，甚至办公地点也即将从CBD搬到郊区，R君被这一连串意料之外的变化弄得措手不及，颇受打击。可以说，这家新公司唯一不变的就是变化。对于其他的变化，R君尚可以调整心态去努力接受和适应，但是地点的变化则是让他欲哭无泪：挪地方住可不是件容易事，不挪地方住，交通又是个大问题。

换谁遇到Q君、R君那样的跳槽经历，难免都会胸闷不已。那么跳槽是否只能靠运气呢？是否一不留神就会跳到"坑"里去呢？如果你在跳槽前运用下面这条准则行事，那一定会减小这方面的几率：

准则20：积极打造你的有效人脉

Q君、R君都是聪明人，选择时的思量并不少。他们之所以会遭遇如上的跳槽"滑铁卢"，作者认为问题还是出在人脉上了。因为两人的人脉网络中均没有目标公司的"内部人"（就是真正熟悉了解公司情况的人，比如在目标公司里工作过或曾经工作过的人），所以无论他们考虑得如何周全，所拿到的信息都不够全面、真实。在这样的情况下，他们的选择出现偏差是在所难免的。

虽然不一定像上述两位这么"惨"，但每当我们跳槽进入新公司后，总难免会发现与自我预期的不符之处。这或多或少是因为：我们在业内没有广泛的人脉来帮助我们"八卦"各个企业的内幕。更确切地说是缺乏有效的人脉，或许认识的人并不少，但能提供有效信息和及时帮助的人不多。

想要打造有效人脉不仅需要时间、精力的投入，更需要依靠意识和智慧。（关于人际关系的相关问题，读者可以参见上部第十四、十五章的内容。）

我们都应该抽空认真琢磨如下的一些问题：

我目前有效人脉的状况如何？

有多少人?

如何分布的（领域、地区）?

怎样进行分类?

是否可以评级?

我该如何维护目前的有效人脉?

我该如何拓展新的有效人脉?

时间维度上的计划（短期、中期、长期）。

行为维度上的计划（针对自我修炼提升的行为可以有哪些、针对认识新人的行为可以有哪些）。

我该如何剔除掉目前的无效人脉?

我该如何避免建立新的无效人脉?

无效人脉好比电脑内存中的垃圾，我们需要定期清理垃圾并尽量避免产生新的垃圾。而有效人脉则好比电脑内存中的有效文件，我们需要定期更新和维护。

俗话说“一个好汉三个帮”“在家靠父母，出外靠朋友”，我们都知道人脉的重要性。如今，我们更需要意识到人脉还分有效和无效。不要轻易地高估自己的人脉，一来数量不等于质量；二来只有动用得了的人脉才是有效人脉。

积极打造有效人脉是一项长期的、艰苦的工作，要将其内化为一种习惯自然绝非易事，但我们必须从意识到它的重要性之日起，就着手行动起来！

19

职场之个人品牌建设——为自己代言

案例：

S：

女，本科，已婚已育。毕业后的三年在市场咨询企业做快消行业，2014 年跳槽到一家车企。S 君非常聪明，思维敏捷，善察人心。S 君能以外行业乙方的工作背景成功跻身进汽车行业甲方车厂，绝对属于少数派成功案例。当初面试时就深得部门喜爱，在线测试分数也是奇高（应该当年也是学霸）。正因为 S 君的优秀，其当时还有好几个 Offer。她出于对汽车的喜欢，才选择了这个 Offer。在进入新公司工作半年后，她怀上了宝宝；部门非但没有因此不满，反而还给她许诺生完娃后，可以在团队内部转岗，做更为战略层面的工作。她还被评为公司的 2014 年度优秀员工，作为待产妈妈获此殊荣实属不易（公司待产妈妈并不是只有她一个）。不管 S 君个人如何评价，从外界角度看，她的这次跳槽非常成功，在新公司可谓如鱼得水。

S 君的成功难道只是因为刚巧和领导合拍吗?

准则 21：做人做事两手都要抓，两手都要硬

据作者所知，S 君的老板是个非常挑剔、严格的人。该公司在业内也以工作强度大、老板一个比一个激进、风格一个比一个强势著称。

S君能够让自己的工作顺利开展肯定花费了不少心思。要让老板满意从来都不是一件容易的事，只有超越老板对你的预期才有可能实现。

了解下来，S君能够做到这点，一是凭借不懂就问、不会就学的快速学习能力，二是因为她有对于老板交代的任务的快速反应能力。她说工作中就要时刻想老板所想、思老板所思，并且总是积极主动地开展工作，力争把工作做在前头，尽量不犯错、犯过的错不再犯第二次。这些道理是我们都知道的，但并不是我们都能做到的。S君不见得是做得最好的那个人，但其的确是最用心在做的那个人。

事实上，能够像S君一样把自己的工作做好的人并非少数，但能够获得老板赏识、让同事喜欢的人却不多。究其原因，是由于很多会做事的人不会做人。而S君却恰恰是会做人、懂得沟通艺术的那类人。如她自己所说："我总是习惯看事物好的一面"，她给人的感觉充满正能量。作者和其沟通过几次，每次都感觉如沐春风。像S君这样以积极乐观的心态去待人接物，不被人喜爱才怪呢。

S君这样会做人会做事，不管到哪，在人群中都容易显得出类拔萃。事实上，每个人在职场中的形象都是靠自己代言的，代言好坏全靠自己的为人处世。职场上要想"飞黄腾达"，优秀的工作能力是硬件，卓越的人际关系是软件；必须"两手都要抓，两手都要硬"。大家不妨思索下，身边有没有这样的牛人，赶快向他们学习吧！

20 职场之个人品牌建设——为别人推广

案例：

T：

作者认识他那会儿，微博、微信尚未流行，外企常用的社交工具还是MSN。之所以作者对T君印象深刻是因为：从认识开始到职位结束的那段时间，T君几乎和作者保持每天线上沟通的状态，或是职位相关的问题、或是闲言或仅仅是个招呼。正所谓水滴穿石，一来二去，感觉上从生人就变熟人了。等到职位结束了，两人也差不多算是熟识了。之后虽然联系频率不高，但也不时会接到他推荐给作者的人才电话。作者也收到过几次认识的人推荐他给作者认识。

U：

男，海归硕士。工作十多年，呆过的公司不少，每家时间都不长。但每家名头都不小。作者通过领英认识了这位北京大哥。认识以来，作者从未有合适的机会能够提供给他（他最近的职务是一家咨询公司上海办的负责人），但是他却热心地帮作者推荐了不少人才，对作者微信朋友圈发的任何信息几乎每条必赞。其实，U君并非对作者特别优待，只是他已经习惯并善于结交朋友、善于给人“牵线搭桥”，使得圈内的朋友们能够信息共享、资源整合。U君的理念颇有点“四海之内皆兄弟”的意味。

作者有幸当面见到了T君和U君，发现两人做事的风格虽然相近，但人本身的风格却差异很大，一个感觉像学院老师，一个感觉像江湖侠客，但两人的朋友都不少。

真的是因为世界太小了，我们才会从陌生走到相识，从相识走到熟悉?

准则 22：帮别人一个忙，为自己攒一分人品

花点心思和猎头“培养感情、维护关系”的人才并不多。有些人才即使被猎头成功送入新公司，都没和猎头见过面，聊过职场以外的话题。像T君、U君这类人对待猎头尚且如此，对待自己的圈内人、老同学岂不是会更加用心吗? 不是世界太小，而是他们比别人更会用心经营人脉。

懂得助人即是助己、吃亏就是便宜的人，在帮别人一个忙的过程中，往往就为自己增添了多一个朋友的可能性。虽然听过一句话叫“你的敌人往往比你的朋友更了解你”，但是对付敌人，我们能靠的除了自己，不就是朋友了吗?

人在职场，个人能力再强，人品再好，没有他人相助还是很难成功的。古时明君尚且需要名臣辅佐才能打天下、守天下，何况我们呢?不管是否带着功利心去帮助别人，至少能够付出帮助行为的本身是值得肯定的。作者不会忘记T君、U君以及很多人给予过的帮助。虽然其中很多人的帮助并没有帮作者解决问题，但是作者还是从帮助中获得了勇气，一次又一次重拾信心去面对问题。相信很多人也曾有过相同的感受。作者做猎头的口碑一方面是靠自己的努力获得的，另一方面也是靠像T君、U君那样的人给帮忙宣传出来的。

撇开功利心、得失心和所谓“互惠互利”的原则，作者觉得我们更需要单纯地相信：能够给予的人是幸福的，能够帮助别人的人是快乐的。这样的人无论在生活中还是在工作上，都会有自己的一席之地。